ㅑㅇㄴ 극ㅓㅜ
ㄹㅇㅇ 극ㅓㅝㅇㅗㄹ

카이스트 노준용 교수의 「인공지능은 못하지만 인간은 잘하는 것」,
〈세상을 바꾸는 시간 15분〉 강연을 공유합니다.
QR 코드나 유튜브를 통해 볼 수 있습니다.

https://youtu.be/EtgL0qWp1IQ

늘봄출판사

• 도콘용 지음 •

에로운 이웃에 수혼이 빨릴 밤이라고?

우는 글너아
옹봄에워는 룸룡

늘 곁에서 인문의 향기를

차례

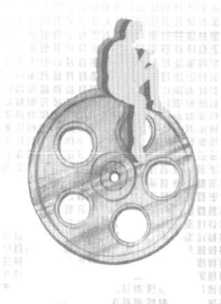

꿈꾸기 위한 영화를
이야기를배

한국으로 돌아오고 나서 미국의 할리우드에서 일했던 컴퓨터 그래픽 전문가라고 자기소개를 하면 사람들의 반응이 다양했다. 그중에는 자신의 명함이나 회사 로고, 웹사이트 등의 디자인을 부탁하는 사람들이 꽤 있었다. 아무래도 컴퓨터 그래픽 '디자인'이라는 명칭 때문일 것이다. 그리고 내가 카이스트 교수라고 하면 다시 고개를 갸웃거린다. 카이스트에 영화와 관련된 것을 가르치는 학과가 있냐는 질문이 이어진다.

나는 학창시절 수학과 과학을 좋아하는 '전형적인 이과'였다. 그래서 자연스럽게 공대로 진학을 했다. 진로를 결정할 때 성적이 좋은 과목들이 나의 재능이 되었다. 공부 외적으로 내가 좋아하는 것은 영화를 보는 것이었다. 예술적 감각이 남다르다는 생각은 해본 적이 없지만 영화에 미쳤다는 소리를 들을 정도로 영화가 좋았다. 그래서 결국 나는 잘하는 것과 좋아하는 것을 '융합'하는 선택을 했다. 그것이 바로 영화 컴퓨터 그래픽이었다.

수학을 잘하면 문학에 관심이 없고, 그림을 잘 그리면 과학 점수가 나쁠 것이라는 것은 선입견일 뿐이다. 그리고 무엇보다도 이것들이 물과 기름처럼 서로 전혀 다른 영역이라는 생각 자체가 가장 큰 선입견이다. 수학을 잘한다고 해서 꼭 과학자가 되고 그림을 잘 그린다고 해서 꼭 화가가 되어야 한다는 법은 없다. 수학을 잘하면 영화감독이 되는데 도움이 될 수 있고, 그림을 잘 그리면 인간의 정신세계를 이해하는 심리학자가 되는데 도움이 될 수 있다.

처음 이 책을 쓰기로 마음을 먹은 것도 그때 그 시절의 나와 같은 고민을 하는 청소년들에게 도움이 되고 싶은 마음에서였다. 연구실의 학생들도 예전에는 '애니메이션을 만들어보자'라는 나의 제안에 '한 번도 해보지 않은 일에다 나는 컴퓨터 전공'이라며 난처해했지만 지금은 너도나도 나서서 아이디어를 낼 정도가 되었다. 학문과 응용의 분야가 굳이 구분이 있을 필요가 없다. 내가 잘하는 것도 재능이고, 내가 좋아하는 것도 재능이다. 재능은 좌뇌와 우뇌처럼 어느 한쪽에 치우쳐 있는 것이 아니다.

4차 산업혁명이 시작되었다. 이 책 속에서 아이들이 걱정하는 것처럼 미래의 직업이나 일자리에는 많은 변화가 있을 것이다. 혹자는 지금의 아이들이 학교에서 배우고 있는 것들이 모두 쓸모없는 것이 될지도 모른다고도 한다. 이렇게 기계까지 거들고 나선 무한경쟁의 시대에 가장 큰 경쟁력은 새로운 것을 만들어내는 힘이다. 이런 시대에 미래를 준비하는 방법이 그저 '공부를 잘하는 것'이어서는 안 된다. 공부를 잘하는 것도 중요하지만 '무엇을' 공부하느냐가 더 중요하다. 내가 좋아하는 것을 좀 더 확실하게 알기 위해 하는 공부, 단순한 지식이 아니라 원리를 이해하고 새로운 곳에 적용할 줄 아는 공부가 되어야 한다.

나는 이 책을 읽는 청소년들이 책장을 덮으며 당장 닥쳐올 중간고사를 걱정하기보다 내가 무엇을 좋아하는지, 앞으로 나의 꿈이 무엇인지를 고민해보았으면 좋겠다. 미래의 안정적인 직장이 꿈이 될 수는 없다. 꿈은 불가능과 가능의 경계를 따지지 않는다. 꿈의 공장 할리우드에 가고 싶은데 당장 내가 가진 여건과 재능이 거기에 미치지 못한다고 기죽을 필요는 없다. 어느 하나의 틀에 스스로를 가두지 말고 자유롭게 마음 가는 대로 호기심을 뻗어나가다 보면 내가 하고 싶은 일을 할 수 있는 길을 찾을 수 있다. '신성사'의 아이들이 그랬던 것처럼, 또 내가 그랬던 것처럼 말이다.

노준용

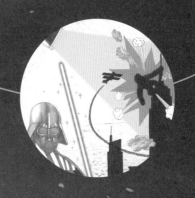

신성사 이펙트

"재우야! 오늘 우리 집에 가서 게임하지 않을래?"

"아니, 나 오늘 동아리 모임 있어."

"오늘도? 야, 너희는 무슨 비밀결사대라도 되냐. 맨날 모여서 무슨 궁리를 그렇게 하는 거야?"

"그런 게 있어, 인마."

재우는 책상 위에 놓인 책과 연필을 쓸 듯이 가방 안에 담고 교실을 나섰다. 콧노래를 흥얼거리며 뒷주머니에 꽂아두었던 휴대폰으로 동영상 리스트를 훑어보기 시작했다. 요즘 유튜브에는 무릎을 탁, 치게 만드는 기발한 비디오들이 많이 올라온다. 그중에서도 스토리가 참신하고 아이디어가 번뜩이는 것들로 모아서 틈날 때마다 들여다보는 것이 재우의 취미다. 엄마는 날마다 그렇게 휴대폰에 코를 박고 있다가는 대학이고 뭐고 중국집 배달부도 못할 거라고 야단을 치시지만 엄마의 잔소리는 그저 입 딱 다물고 한 귀로 듣고 한 귀로 흘리는 것이 상책이다. 무슨 짓을 하는지도 모르면서 무조건 책상 앞에만 붙어 앉아 있으라고 하는 분과 이성적인 대화 자체가 무리인 것 같다.

한창 동영상에 정신이 팔린 채 복도를 걸어가던 재우의 눈에 동아리 교실 앞에서 얼쩡대고 있는 놈 하나가 눈에 들어왔다. 쭈뼛대는 걸음으로 창문 옆에 바싹 붙었다 도로 뒷걸음질을 치질 않나, 문 앞에 우두커니 섰다가 다시 뒤로 돌아서질 않나, 어느 쪽으로 마음을 정해야 할지 도무지 갈피를 못 잡고 있는 모양이었다. 그 '녀석'이 누구인지 알아차리는 데에는 그렇게 오랜 시간이 걸리지 않았다. '그' 녀석이다! 재우네 반에서 제일 유명한 밥맛재수똥 김제훈. 매번 전교 수석을 도맡아 하는 공부벌레의 표본이다. 그런데 저놈이 여기서 도대체 뭘 하고 있는 거지?

"야! 김제훈!"

"어? 어…… 어."

"너 여기서 뭐 하냐? 누구 찾아왔어?"

"어, 아니…… 응…… 그게 말이지…… 아니야…….."

재우는 짜증이 밀려왔다. 저놈은 늘 저런 식이다. 교실에서 아이들이 치고받고 싸움을 하거나 말거나, 쉬는 시간이라고 다들 매점으로 몰려가거나 말거나 늘 혼자 알 수 없는 책에 코 박고 있고, 그러다 장난으로 어깨라도 툭 치면 마치 나한테 삼백육십오일 맞고 다니기라도 한 놈처럼 땡글땡글한 눈알 가득 경계심을 품고 쳐다봐서 사람을 머쓱하게 만든다. 1등자리를 놓쳐본 적이 없고, 별다른 말썽도 부리지 않으며, 성격도 무난해 보이는 저런 놈이 선생님들의 사랑을 독차지할 것처럼 보이지만, 실은 그렇지도 않다. 선생님이 저놈의 존재를 대견해하는 것은 매달 끝자락에 석차표가 벽에 나붙을 때뿐이다. 평소에는 아이들에게나 선생님들에게나 특별하게 시선을 끄는 존재감 따위는 없다. 원래 공부벌레들이 그렇지 않은가. 같이 다니는 친구도 없어서 책이나 붙들고 있고, 할 줄 아는 건, 아니 더 정확히 말해서 잘할 줄 아는 건 오로지 공부밖에 없는 무미건조한 기계 같은 놈들.

갑자기 선생님 앞에 불려 나온 학생 같은 표정으로 고개를 숙이고 있는 제훈을 멀거니 쳐다보던 재우는 문득 정신을 차리고 그대로 제훈을 지나쳐 교실로 들어섰다. 더 이상 뭘 캐묻고 싶은 마음도 없었다. 재우는 뒤도 돌아보지 않고 등 뒤로 교실문을 탕 닫았다. 교실 안에 모여 앉아 있던 동아리 아이들이 그 소리에 놀라 재우 쪽으로 고개를 휙 돌렸다.

'그래. 우리 중에 저놈이랑 친한 애가 있을 리가 없지.'

"재우야, 늦게 올 거면 좀 얌전하게라도 들어오든가. 회장님 행차다 이거냐? 시간 좀 지키고 살자."

"아, 미안. 종례가 그렇게 길어질 줄은 몰랐지. 너희끼리 시작하지 그랬어?"

"회장님이 이딴 식으로 안 나타나는데 우리보고 뭘 어쩌라고. 어차피 너 오면 처음부터 다시 다 해야 되잖아. 담부터는 늦으면 떡볶이 쏘는 거다. 안 봐줘. 그건 그렇고 소현이가 기가 막힌 아이디어가 생각났대. 야, 소현아, 그 얘기 다시 한 번 해봐."

소현이가 수첩을 펼쳐든다. 소현이는 우리 동아리의 보물이다. 중학교에 입학하자마자 동아리 가입을 위해 교실을 찾아갔을 때 소현이를 처음 만났다. 소현이가 가입 시험으로 선배들에게 제출했다는 영화의 시놉시스를 나중에 읽어봤는데 그때 동아리에 없어서는 안 될 사람이라는 확신이 들었었다.

신성중학교의 '신성사'는 오랜 역사와 전통을 자랑하는 영화 동아리다. 처음 만들어졌을 때는 다른 이름이었는데 이 동아리 출신으로 고등학교 때에도 영화에 대한 꿈을 포기하지 않고 결국 대학의 연극영화과에 진학한 까마득한 선배가 지은 이름이라고 했다. 옛날 극장 이름 같기도 하고 케케묵은 영화사 이름 같기도 한 '신성사'가 재우는 마음에 꼭 들었다. 다른 학교 친구들이 가끔 '신성사 사장님'이라고 놀리기도 하지만 재우는 2학년이 되면서 '신성사'의 '짱'으로 뽑힌 것이 자랑스럽기만 하다.

"똑, 똑ㅡ."

그때 교실 문을 두드리는 소리가 들렸다. 소현이가 얘기를 멈추고 고개를 돌리자 다들 그 뒤를 따랐다. 교실 문이 빼꼼히 열리면서 그 사이로 제훈의 얼굴이 나타났다.

"저기, 잠깐 들어가도 될까?"

"어ㅡ."

누군가 대답하는 소리가 들리자 제훈이 문을 좀 더 열더니 망설이는 듯한 발걸음으로 들어선다. 모두 쳐다보기만 했지 아무도 입을 열지 않았다. 아이들의 시선을 한 몸에 받으며 제훈이 우물쭈물 말을 시작했다.

"저기, 있잖아. 이게…… 지금 해도 될지 모르겠는데……."

'답답한 자식.'

재우는 자기도 모르게 얼굴을 찌푸렸다.

"뭔데?"

영훈이 궁금한 표정으로 묻자 그제야 제훈의 안색이 약간 밝아지는가 싶더니 순식간에 질문을 쏟아냈다.

"내가 이 동아리에 꼭 들고 싶거든. 어떻게 하면 될까?"

누가 갑자기 교실 전체에다 대고 음소거 버튼이라도 눌러버린 것처럼 일순 침묵이 감돌았다. 소현이 영훈의 얼굴을 쳐다보았고, 영훈은 재우의 얼굴을 쳐다보았다. 그리고 재우는 제훈의 얼굴을 멀거니 쳐다보고 있었다. 이윽고 재우의 입에서 피식, 웃음소리가 새어 나왔다.

"아이고, 나 참. 너 여기가 무슨 영재 클럽이나 수학 클럽인 줄 착각하는 거 아니냐? 여기 영화 만드는 동아리야, 영화. 알아?"

"응, 알아. 이 동아리 얘기 많이 들었어. 그래서 1학년 때부터 들어가고 싶었는데…… 그땐 사정이 좀 있어가지고……. 나 영화 진짜 좋아해. 초등학교 때부터 컴퓨터로 다운 받아서 되게 많이 봤어. 요번에 나온 〈저스티스 리그〉 봤어? 나 그거 파일 있는데. 엄청 재밌어. 특수효과도 죽여주고 슈퍼히어로가 떼거지로 나오는데……."

'저놈이 이렇게 말이 많은 놈이었던가?'

재우는 자기가 옥박지르는 소리를 하는데도 조금도 기죽지 않고 오히려 신이 난 것처럼 떠드는 제훈이 그저 못마땅하기만 했다. 공부 말고는 뭐 하나 잘하는 것도 없는 놈이 영화 동아리라니. 감히 어딜 넘봐, 넘보기를.

"시끄럽고. 이 자식이 얌전한 범생이인 줄만 알았더니 아주 웃기는 놈일세. 너 공부 잘하면 뭐든 다 잘할 수 있을 거 같냐? 영화 만드는 게 우습지? 가서 엄마 아빠 말씀 잘 듣고 얌전히 하던 대로 공부나 해. 사람 빡치게 하지 말고."

제훈은 골똘히 생각에 잠긴 채 터덜거리며 걷고 있었다. 그동안 몇 번이나 그 교실을 찾아갔는지 모른다. 그런데 차마 그 문을 열고 들어갈 용기가 나지 않았다. 그 문 안에 앉아 있는 아이들이 누군지 다 알고 있었다. 글도 잘 쓰고 말도 재미있게 잘해서 아이들이 좋아하는 소현이, 알아주는 영화광인 영훈이, 그리고 신성사 '짱'이자 미술대회만 나갔다 하면 상을 받을 정도로 그림을 잘 그리는 재우. 그 중에서도 재우와는 같은 반이었지만 그동안 변변하게 말 한 번 제대로 해본 적이 없었다. 워낙 학교 안팎으로 명성이 자자한 동아리라 들어가기가 쉽지 않다는 얘기는 익히 들어 알고 있었지만 이렇게 대놓고 내쫓기다시피 할 거라고는 미처 생각하지 못했다.

제훈은 필름지를 오려서 한쪽에는 '컴퓨터', 또 다른 한쪽에는 '수리'라고 써붙인 가게 문을 드르륵 열고 안으로 들어섰다. 안쪽을 쳐다보니 선반에 잔뜩 쌓아놓은 노트북 컴퓨터들을 이쪽저쪽으로 옮기며 서류와 대조를 하고 있는 아빠가 눈에 들어왔다. 아빠를 보자마자 제훈은 다시 고개를 푹 숙였다. 아니나 다를까, 아빠의 목소리가 대뜸 정수리로 날아와 꽂혔다.

"너 이놈의 자식! 어젯밤에도 보니까 늦게까지 불 켜놓고 있던데 뭐 했어? 또 컴퓨터 끌어안고 새벽까지 쓸데없는 짓하고 있었지? 오늘은 아빠 퇴근할 때까지 꼼짝 말고 사무실에서 공부해. 너 그러다가 석차가 하나라도 떨어지면 아빠가 당장 컴퓨터 압수라고 했다!"

제훈은 고개도 들지 않은 채 "네."라고 대답하고는 곧장 아빠를 지나쳐 뒤쪽 사무실로 들어갔다. 책상 위에는 온갖 크고 작은 공구 상자들이 어지럽게 포개어진 채 놓여 있었다. 제훈은 바닥에 내동 댕이치다시피 한 가방 속에서 책 한 권을 꺼내어 책상 한구석에 올려놓았다. 수학 참고서였다.

그런데 제훈이 책을 펼치자 숫자 대신 복잡한 컴퓨터 스크린 사진과 글씨들이 있었다. 실은 수학 참고서의 껍데기만 벗겨내어 그 안에 『마야Maya 초보자를 위한 캐릭터 모델링』이라는 책을 껴 넣은 것이다. 제훈이 학교에서 쉬는 시간마다 열심히 들여다보던 책이 바로 이것이었다. 집에서 동영상 튜토리얼tutorial(사용지침서)을 보며 연습을 하긴 하지만 아무래도 시간이 부족해서 틈날 때마다 들여다보려고 머리를 굴린 것이었다. 3만 원이 넘는 이 책을 사기 위해 한 푼 두 푼 용돈을 모으느라 얼마나 고생했는지 모른다. 아빠가 기분 좋게 취해서 집에 들어온 날, 남자가 친구들한테 한턱 쏠 줄도 알아야 한다며 하나뿐인 아들에게 보너스로 쥐어준 용돈이 몽땅 이 책 밑으로 들어갔다는 걸 안다면, 어떤 표정을 지으실까?

제훈이네 아빠의 컴퓨터 수리점은 솜씨가 좋기로 동네에 꽤 소문이 나 있다. 그런데도 아빠는 아들인 제훈이가 컴퓨터 앞에 앉아 있는 걸 보면 잔소리가 이만저만이 아니다. 제훈은 아빠가 왜 그러시는지 누구보다 잘 알고 있다. 초등학교 2학년 때, 가게에 누가 버리고 간 낡은 컴퓨터를 조립해서 집으로 들고 온 아빠는 제훈에게 선물로 주며 열심히 공부해서 나중에 영화에 나오는 슈퍼컴퓨터를 만드는 컴퓨터 박사가 되라고 했다. 제훈이 "아빠도 컴퓨터 박사잖아요!"라고 했더니 아빠는 "아빠 같은 가짜 말고."라고 대답했다. 아빠는 공업고등학교를 나오고 대학을 가지 않았지만 고장 난 물건이라면 뭐든지 잘 고치는 신기한 재주를 가졌다. 그때만 해도 제훈이 컴퓨터를 빠른 속도로 배우는 것을 보며 대견해하던 아빠는 시간이 지나면서 제훈이 컴퓨터 앞에서 보내는 시간이 늘어날수록 아들과 컴퓨터를 떼어놓지 못해 안달을 했다.

"아이고, 강 교수님! 오랜만에 오셨네요."

"아, 네. 김 사장님, 그간 잘 지내셨어요?"

손님이 왔나 보다. 아빠는 '강 교수님'이라는 분이 오자 수선스럽게 반가운 인사를 건넸다. 그리고 컴퓨터에 대해 상의하는 소리가 고스란히 문 너머로 들려왔다.

"이거 못 고치는 건 아니지만 며칠 걸리겠는데요. 제가 다 되면 교수님께 메시지로 알려드리겠습니다. 참, 그건 그렇고 교수님이 컴퓨터 공학 전공이라고 하시지 않으셨나요?"

"네, 맞습니다. 제가 그런 얘기도 했었나요?"

"아, 얼핏 들은 기억이 나서요. 지금 시간 괜찮으시면 혹시 귀찮은 부탁 하나만 드려도 될까요? 바쁘시면 다음에 하셔도 되구요."

"뭔데요?"

"제 아들놈이 지금 중학교 2학년이거든요. 그런데 이놈이 영화라면 그냥 환장을 해요. 그래서 밤마다 컴퓨터로 영화를 보는데 빠져서 도대체 공부는 언제 하고 잠은 언제 자는지……. 그렇다고 등수가 거꾸로 세는 게 빠른 놈은 아닙니다. 공부는 곧잘 해요. 학교 들어가면서부터 1등을 놓쳐본 적이 없거든요. 근데 지금이야 그렇다 쳐도 어디 중학교 공부랑 고등학교 공부랑 같나요. 앞으로 공부는 점점 더 힘들어질 텐데 걱정이 이만저만이 아니에요. 뭐라고 하면 대답은 꼬박꼬박 네, 하면서 새벽에 보면 또 방에 불이 훤해요. 에휴, 아비가 하는 말은 다 잔소리지만 그래도 카이스트 교수님이 하는 얘기는 좀 듣지 않을까 싶어서요?"

"아, 네…… 그렇군요."

제훈은 쥐구멍에라도 들어가고 싶었다. 그리고 한편으로는 억울한 마음이 울컥하고 치밀어올랐다. 아빠는 어떻게 잘 알지도 못하는 사람 앞에서 내 흉을 저렇게 아무렇지도 않게 늘어놓을 수 있을까.

"제훈아! 제훈아! 이리 좀 나와봐라!"

제훈은 대답하지 않았다. 대답을 했다가는 당장 '강 교수님'이라는 사람 앞에 빨갛게 달아오른 얼굴로 불려 나갈 것이 뻔했기 때문이었다.

"아드님이 안에 있나요? 그냥 두세요. 숙제하느라 못 듣나 보죠. 제가 잠깐 들어가 볼게요."

'앗, 뭐라고? 오지 마세요! 안 돼요, 오지 마세요!'

그러나 제훈이 할 말을 찾는 사이 사무실 문이 열리고 그가 들어섰다. 제훈은 처음 보는 사람이었다. '교수님'이라더니 짧게 올려 깎은 머리에 청바지와 티셔츠 차림의 남자는 책상 앞에서 몸을 돌려 제훈과 시선이 마주치자 멋쩍은 미소를 지어보였다.

"네가 제훈이니?"

제훈은 대답 대신 고개만 끄덕거렸다. 등 뒤로 문을 닫은 그는 제훈이 앉아 있는 책상으로 다가왔다.

"공부하던 중이었니?"

"아니요. 그냥……."

제훈은 책을 무방비 상태로 펼쳐 놓은 게 그제야 생각이 나서 손바닥으로 대충 보던 페이지를 가려봤지만 이미 때는 늦었다.

"음, 그거 혹시 마야에 대한 책 아니니?"

'이런, 젠장…….'

"어, 네……."

"컴퓨터 그래픽에 관심이 있니?"

"아, 그냥요. 컴퓨터를 좋아해서요."

어떻게 단박에 '마야'에 대한 책이라는 걸 알았을까, 라는 의문이 드는 순간 제훈은 강 교수가 컴퓨터 공학 전공이라는 말이 문득 떠올랐다.

"컴퓨터 공학을 가르치시는 교수님이신 거예요?"

"컴퓨터 공학을 공부하기는 했지. 너도 컴퓨터 공학 쪽에 관심이 있는 거니?"

"음…… 아빠는 제가 그러길 바라시죠."

"넌?"

"전, 아직 잘 모르겠어요. 컴퓨터를 좋아하긴 하는데요, 실은…… 실은…….."

"실은?"

제훈은 잠시 망설였다. 솔직하게 얘기를 해야 할지, 아니면 어른들이 이런 류의 질문을 할 때마다 늘 하던 식으로 그냥 은근슬쩍 넘어가야 할지 얼른 마음의 결정을 내릴 수가 없었다. 그렇지만 이번만은 왠지 눙치듯 넘기고 싶지가 않았다.

"실은 영화가 좋아요. 저는 영화가 너무 재미있어요. 그런데 아빠는 제가 컴퓨터로 영화를 너무 많이 본다고 싫어하세요."

"아빠가 싫어하실 정도로 많이 보는 거니? 아빠는 왜 네가 영화를 보는 게 싫으신 걸까?"

"제가 영화를 많이 보기도 하지만 그렇다고 공부도 안 하고 영화만 보는 건 아니에요. 아빠는 그러다가 제가 영화 만드는 사람이 되고 싶다고 할까 봐 걱정이신 거죠. 다 알아요. 맨날 그러시거든요. 그런 거 하다간 굶어죽기 딱 좋다고요."

제훈의 말을 들은 강 교수는 웃음을 터트렸다.

　"하하, 그래? 그거 재미있구나. 나도 알고 보면 영화 만드는 사람이지만 굶어죽을 정도는 아닌데 말이다."

　"네에?"

　깜짝 놀란 제훈은 눈을 동그랗게 뜨고 강 교수를 쳐다보았다.

　"카이스트 교수님 아니세요? 아까 아빠한테는 컴퓨터 공학 전공이시라고……."

　"맞아. 그렇긴 한데 내가 하는 일은 영화와 관련이 아주 깊지."

　"어떤 영화요? 진짜로 만드신 영화가 있는 거예요?"

　"음…… 혹시 〈수퍼맨 리턴즈〉라는 영화를 본 적 있니?"

　"아아, 그럼요! 당근 봤죠. 제가 제일 좋아하는 슈퍼히어로가 슈퍼맨이거든요. 그래서 슈퍼맨 시리즈는 아주 옛날 것까지 찾아서 다 봤어요. 근데 그 영화를? 교수님이요? 진짜요?"

　"내가 만들었다기보다 그 영화의 시각 특수효과 제작에 참여를 했단다."

　"아, 시각 특수효과요?"

"그래, 옛날에는 SF영화나 공포영화, 애니메이션처럼 현실에 존재하지 않거나 현실적으로는 촬영이 불가능한 장면들이 등장하는 영화에 많이 쓰였지만 요즘은 거의 모든 영화에 완성도를 높이기 위해 아주 흔하게 쓰이고 있지."

"우와! 제가 좋아하는 영화들이 다 그런 거예요! 괴물이나 우주인, 유령이 마치 정말로 있는 것처럼 나오기도 하고, 주인공이 4차원 공간이나 또 다른 세계로 들어가기도 하고, 슈퍼히어로들이 막 날아다니고, 악당들이랑 싸우면서 도시가 파괴되기도 하고……. 사실 볼 때마다 궁금했거든요. 이런 건 어떤 사람들이 만드는 걸까, 그리고 어쩜 저렇게 진짜처럼 만들었을까, 하고요."

"하하, 현실과 상상이 구분이 가지 않을 정도라는 건 우리 같은 일을 하는 사람들에게 최고의 칭찬인걸. 그래도 마야를 공부할 정도면 너도 영화 특수효과에 꽤 관심이 많은 거 같은데?"

"딱히 그렇지는 않고요, 이건 컴퓨터로 괜찮은 영상을 만들 수 있는 방법이 뭐가 있나 찾아보다가 시작하게 된 거예요. 이번이 세 번째 보는 거라서 그동안 시험 삼아 만들어본 것도 있는데…… 에이, 완전 유치하죠. 근데 특수효과라는 게 구체적으로 어떤 것들을 말하는 거예요?"

"교수님은 영화를 공부하셨나요?
그런데 카이스트는 과학이나 수학을 잘하는 애들이 오는 곳 아니에요?"

"내 전공은 컴퓨터 공학이야. 그런데 **영화가 너무 좋아서
영화에 관련된 일을 하고 싶다는 생각을 품게 됐지.**
그래서 사실적인 얼굴 애니메이션을
자동으로 만들어내는 기술에 대해 박사 학위 논문을 썼단다.
외계인이건 강아지건 유령이건
일단 영화에 등장하는 캐릭터들은 모두 '진짜'처럼 보여야 하니까."

비주얼 이펙트와 스페셜 이펙트
킹콩과 다스 베이더의 광선검

특수효과 기술이란 상상 속에서나 가능한 영상을 영화 속에서 실제처럼 구현해내기 위해 특수기술을 사용하는 것을 말하지. 우리가 흔히 얘기하는 컴퓨터 그래픽과 영화의 특수효과 사이에는 아주 깊은 관계가 있단다. 영화에서 보통 '시각적인 특수효과'라고 하면 비주얼 이펙트Visual Effect/VFX를 가리킨단다. 실제로 존재할 수 없는 장면이나 촬영이 불가능한 장면, 또는 실제로 촬영을 하기에는 경제적으로 너무 부담이 크거나 안전상의 문제가 있을 때 이용되는 기법을 말하지.

시각적 특수효과는 크게 영상물에 삽입되는 가상의 배경을 제작하는 기술과 디지털 액터Digital Actor를 만드는 기술, 이렇게 크게 두 가지로 나눌 수가 있어. 전자는 건물, 도시, 환경을 만들거나 물, 불, 바람 등의 자연현상을 표현하는 기술을 말하고, 후자는 실제 배우나 스턴트맨이 연기하기 힘든 동작을 대신해줄 가상의 캐릭터, 혹은 현실에 존재하지 않는 가상의 캐릭터를 제작하는 기술을 말해.

컴퓨터 그래픽 기술이 지금처럼 발전하기 전까지는 카메라의 눈속임이나 기계장치 같은 것을 사용했지만 컴퓨터 기술이 급속도로 진화하면서부터는 '컴퓨터 그래픽CG'과 이 '비주얼 이펙트VFX'가

거의 같은 말처럼 받아들여지고 있어.

제가 본 영화 중에 〈콩〉이란 영화가 있는데요, 그 원작이 무려 1933년에 만들어진 〈킹콩〉이래요. 그렇게 옛날에 〈킹콩〉은 어떻게 찍었을까요?

컴퓨터 그래픽 기술이라는 것이 존재하기 이전에도 영화는 언제나 현실에 없는 것들을 만들어내기 위해 노력해왔지. 그래서 사람들이 영화의 매력에 빠지는 것 아니겠니. 영화는 끝없는 상상과 신비의 세계로 우리를 데려가곤 하지. 그리고 그것이야말로 영화 자체가 존재하는 이유이기도 하고 말이야.

1970년대 말까지는 이런 것들이 주로 컴퓨터가 아닌 아날로그 방식에 의존해서 특수효과 스페셜 이펙트Special Effect/SFX라는 이름으로 만들어졌단다. 1933년에 만들어진 〈킹콩〉은 지금 봐도 그때 만들어졌다는 게 믿기지 않을 정도로 놀라운 영화야. 그 영화에 나오는 킹콩은 사실 46센티미터 크기의 미니어처*를 스톱모션 기법*으로 촬영한 거란다. 배경도 미니어처 세트를 사용했지. 그 당시로서는 쓸 수 있는 모든 특수효과 기술을 총동원한 결과라고나 할까.

특수효과의 역사는 스톱모션 기법과 함께 시작되었다고 해도 과언이 아니야. 마술사이자 영화 제작자인 조르주 멜리에스가 1902년

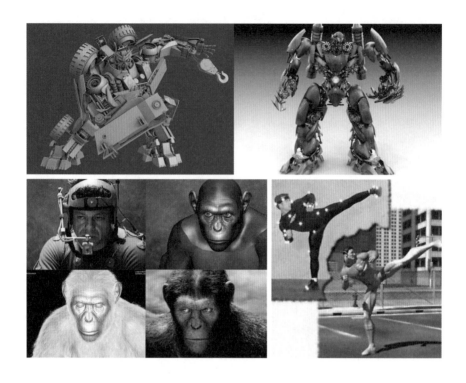

에 〈달세계 여행〉이라는 영화를 만들었어. 대포를 통해 달에 도착하는 액션 모험극이자 세계 최초의 SF영화지. 조르주 멜리에스는 달의 눈에 로켓이 착륙하는 장면에서 스톱모션 기법을 사용했단다.

스톱모션 기법 외에도 특수효과의 종류는 많이 있었어. 카메라와 필름의 특성을 이용한 페이드*, 디졸브*, 고속 저속 촬영* 같은 것들과 그럴듯한 특수분장이나 특수소품 같은 것을 이용하는 것들이 있지. 요즘에는 사람이 직접 탈을 쓰는 대신 로봇 위에 탈을 씌우고 원격 조종을 하는 애니메트로닉스 기법˚도 많이 쓰인단다.

그 유명한 스티븐 스필버그 감독이 〈쥬라기 공원(1993)〉을 촬영할 때 처음에는 공룡 모형을 제작하려고 했었지. 그런데 공룡의 컴퓨터 그래픽 샘플을 보고 마음을 바꾼 거야. 그래서 그 영화 속에 나오는 공룡들은 모두 컴퓨터로 만든 것들이란다. 그런데 스크린에서는 마치 오래전에 멸종했던 공룡들이 멀쩡하게 살아서 팔딱팔딱 뛰어다니는 것처럼 보이지.

그리고 모핑 기법˚이라는 것이 있어. 영화 〈마스크〉에서 마스크를 쓴 주인공의 얼굴이 눈알이 튀어나오고 심장이 쿵쾅거리면서 수십 가지 서로 다른 표정으로 변하는 장면이 나오는데 여기에 쓰인 것이 바로 모핑 기법이란다.

1999년에 나온 〈매트릭스〉라는 영화를 봤는지 모르겠구나. 여기에 그 유명한 장면이 나오지. 주인공 네오Neo가 뒤로 누운 채로 움직이며 날아오는 총알들을 피하는 장면 말이다. 이것을 구현하기 위해 타임 슬라이스 포토그래피˚라는 새로운 디지털 촬영 기법을 만들었어. 스틸카메라로 시간을 쪼개듯 간발의 차이를 두고 순차적으로 촬영을 하고 이 정지 화면들을 편집을 통해 이어붙임으로써 결과적으로 동영상 속에서는 슬로모션으로 움직이는 것 같은 효과를 주는 거야. 〈매트릭스〉에서는 이 장면을 찍기 위해 스틸카메라 120대를 설치하고 30분의 1초 간격으로 촬영을 했다고 해. 그밖에도 여자 주인공인 트리니티가 자신을 잡으러 온 경찰들에 맞서서 순간적으로 공중 부양을 하면서 발차기를 하는 장면이 나오는데, 여기에서 트리니티의 몸이 공중으로 떠오르는 순간 시간이 정지된 것 같은 화면에서 카메라가 시계 방향으로 한 바퀴 회전을 하지. 이 것도 역시 타임 슬라이스 포토그래피로 만든 거야. 이 기법은 〈매트릭스〉에 나온 이후에 많은 CF와 영화들에 사용 되었어. 2014년에 큰 성공을 거둔 드라마 〈별에서 온 그대〉에서 주인공 도민준이 시간을 멈춘 다음 혼자서 움직이는 장면들이 나오지? 바로 이 기법을 사용한 것이란다.

그런데 이런 과거의 특수효과들은 컴퓨터가 없이도 할 수 있는 거였잖아요. 컴퓨터 기술의 발전이 특수효과에 어떤 영향을 미친 거죠?

앞서 얘기한 타임 슬라이스 포토그래피 기법을 기억하지? 물론 수많은 스틸카메라를 설치하여 촬영을 하지만 장면을 완성하려면 결과적으로 컴퓨터 그래픽의 도움을 받지 않을 수가 없단다. 스틸카메라로 배우의 주변을 360도 둘러싸고 촬영을 하다 보면 맞은편에 설치된 카메라들이 같이 찍힐 수밖에 없지 않겠니? 이것들을 일일이 지우려면 컴퓨터 그래픽 기술이 필요하지. 그리고 타임 슬라이스 포토그래피로 촬영된 장면을 배경에 합성하는 것도 역시 컴퓨터 그래픽이고 말이야.

컴퓨터 그래픽 기술은 처음에는 특수효과 기법들을 보조하는 정도로 사용을 했었단다. 그러다가 점점 쓰임새가 커지게 되면서 컴퓨터에 대한 의존도도 높아져갔지. 그리고 카메라의 움직임이나 조명, 심지어는 등장인물까지 컴퓨터로 조작할 수 있게 되면서 특수효과 스페셜 이펙트를 넘어서 비주얼 이펙트, 즉 시각 특수효과라는 이름으로 부르게 된 거야.

예를 들자면 예전에는 괴물이나 인어공주, 요정 같은 등장인물들을 표현하기 위해 특수분장을 하고 사람이 직접 촬영을 했지만 요즘은 컴퓨터 그래픽으로 만든 디지털 배우에게 디지털로 특수분장을 해서 영상을 만들 수 있지. 그리고 예전에는 완벽한 미니어처를 만들어서 촬영을 했다면 지금은 컴퓨터 그래픽으로 모델링*한 오브젝트와 실사를 합성해서 거대한 우주선이 다가오는 장면이라든가, 화산이나 건물의 폭파 장면을 표현하는 것이 가능하단다. 위험한 장면을 촬영할 때 실제 배우 대신 대역을 하는 사람들을 가리켜 스턴트맨이라고 하지? 예전에는 스턴트맨들이 진짜로 위험을 무릅쓰고 직접 촬영을 했지만 이제는 모션 캡처*라는 것을 이용해서 안전한 세트장에서 촬영을 하고 배경을 합성하거나 아니면 동역학 시뮬레이션*을 이용해서 동작을 만들어내기도 한단다.

비주얼 이펙트 기술의 변화를 잘 보여주는 영화 시리즈가 있어. 〈스타워즈〉라고, SF영화의 고전이자 아직도 꾸준히 시리즈가 만들어지고 있지. 첫 〈스타워즈〉가 언제 만들어졌는지 아니? 놀라지 마라. 1977년이야. 비주얼 이펙트의 진정한 역사는 〈스타워즈〉로부터 시작되었다고 해도 과언이 아니란다. 그 당시 〈스타워즈〉의 감독이었던 조지 루카스가 비주얼 이펙트 전문 회사를 설립한 후, 직접 영화 제작에 필요한 기술들을 개발하기 시작했단다.

첫 〈스타워즈〉는 기존의 손으로 하는 특수분장과 미니어처 기법을 사용하기도 했지. 수도 없이 많은 우주선과 전투기 모형들을 정교하게 제작해서 촬영을 했어. 그리고 블루 스크린*, 매트 페인팅* 등의 신기술도 사용되었지. 지금의 특수효과와는 차이가 많이 나서 약간 어설픈 면도 있지만 그래도 여전히 놀라운 수준이야.

〈스타워즈〉에 나오는 광선검 알지? 원래 그 광선검은 실사 촬영본 위에 디자이너들이 일일이 광선을 셀 애니메이션*으로 그려넣은 다음에 합성해서 만든 거란다. 그런데 시리즈가 거듭되면서 이런 수작업이 자동화가 되면서 컴퓨터가 그 역할을 대신하게 되었지. 〈스타워즈〉 시리즈는 나올 때마다 최신 특수효과 기술을 마음껏 사용하면서 새로운 캐릭터들과 새로운 전투 장면을 선보여 왔어. 특수효과의 발전 속도를 그대로 보여주는 영화라고 할까.

"똑, 똑–."

제훈이 한창 강 교수의 이야기를 열중해서 듣고 있는 사이 밖에서 문 두드리는 소리가 나더니 아빠의 얼굴이 빼꼼하게 열린 문틈으로 불쑥 들어왔다.

"아이고, 이거 말씀 중에 죄송합니다. 이제 문을 닫고 들어갈 시간이 되어서요."

"벌써 그렇게 됐나요? 얘기하는 데 정신이 팔려서 그만 시계 보는걸 깜빡했네요."

"제훈아, 교수님 하시는 말씀 잘 들었니?"

"네? 아, 네……."

제훈은 강 교수의 얼굴을 쳐다보았다. 강 교수가 한쪽 눈을 찡긋하며 윙크를 보내자 제훈은 저도 모르게 활짝 웃었다.

"그럼요, 걱정하지 마세요, 아빠."

"허, 그래? 이거 제가 강 교수님한테 큰 신세를 져서 어쩌죠? 컴퓨터는 말끔하게 자알 고친 다음에 연락드리겠습니다."

강 교수와 제훈은 슬며시 서로를 바라보며 미소를 지었다.

"반장!"

"차렷! 경례!"

"그래. 자, 오늘 월말고사 성적표가 나왔다. 이건 이따가 반장이 뒤에다 붙이도록 하고."

"우― 우우―."

"조용히 해라, 이놈들아. 하여튼 공부 못하는 것들이 꼭 이럴 때는 뜨거운 솥뚜껑 위에 엎어진 것처럼 굴지. 지금 우우거린 놈들, 너희들이 이번 반 평균 다 깎아먹은 거 알지? 공부 좀 해라, 공부 좀. 내가 나 좋자고 공부하라는 거냐? 다 너희들 잘 먹고 잘살라고 하는 거지. 열심히 너희들 뒷바라지하시는 부모님 보기 민망하지도 않냐? 나중에 학교 졸업하고 사회 나가서 그때 눈물 콧물 짜면서 후회하지 말고 기회 있을 때 똑바로 해. 알았어? 에, 그리고 이번에도 우리 반에서 전교 1등이 나왔다. 이번에 수학 선생님이 시험을 어렵게 낸 것 같다고 걱정하시던데 이놈은 전교에서 저 혼자 떡하니 백점을 받았어요. 나아 참. 매번 기특해 죽겠단 말이지."

반 아이들의 시선이 일제히 한 곳에 꽂혔다. 그곳에는 어디를 쳐다봐야 할지 몰라 당황한 얼굴의 제훈이 앉아 있었다. 담임선생님은 제훈을 바라보며 흡족한 미소를 지었다.

"우리 아들이 너만큼만 하면 맨날 업고 다닐 텐데 말이지. 휴⋯⋯ 김제훈, 넌 다음 달에 있을 수학경시대회 준비 때문에 수학 선생님이 종례 끝나고 교무실로 오라더라. 자, 종례 끝!"

선생님이 교실을 나가고 반장이 석차표를 뒤쪽 벽에 붙이기를 기다리며 아이들은 제훈을 부러운 눈길로 흘깃거렸다. 제훈은 가방을 챙기는 척하며 재우가 있는 쪽을 슬쩍 쳐다보았다. 재우는 아까부터 팔짱을 낀 채 방금 교실 뒤에 나붙은 석차표도, 제훈도 아닌 복도 창밖만 뚫어져라 바라보고 있었다. 제훈은 그런 재우를 바라보며 불길한 예감에 푹~ 하고 한숨을 내쉬었다.

"야, 몇 번을 말해. 안 된다니까."

"재우야, 나 진짜 열심히 할 수 있어."

"열심히가 아니라 잘해야지, 잘. 근데 네가 잘할 줄 아는 게 뭐가 있어? 네가 그림을 잘 그리기를 해, 아님 소현이처럼 기찬 아이디어가 펑펑 솟기를 해, 아님 영훈이처럼 사진을 잘 찍기를 해? 뭐 하나라도 잘하는 게 있어야 우리가 널 믿고 같이 영화를 만들지. 안 그래?"

"짱! 이렇게까지 하고 싶어하는데 성의를 봐서라도 끼워주지 그래? 그래도 얘가 전교 1등이잖아, 전교 1등. 한두 번도 아니고 매번. 이런 머리면 어디다 써먹어도 써먹을 데가 있지 않을까?"

영훈이 슬쩍 제훈과 재우의 말씨름에 끼어들었다.

"뭐? 장난해, 지금? 함수 풀어서 영화 찍고 방정식 풀어서 스토리 쓰냐? 영화랑 얘는 애초에 길이 틀려, 길이! 어울리지가 않는다고!"

"저기…… 나, 컴퓨터 잘해, 재우야. 그러니까 너희들이 영화를 만들 때 도움이 될 수 있어."

"이게 우리를 아주 바보로 아네. 우리도 편집 같은 건 알아서 할 수 있어. 어디서 책만 파는 범생이가 영화를 넘봐, 넘보기를. 넌 영화도 책으로 배울 놈이잖아."

제훈은 어깨가 축 늘어져서 아빠의 가게로 들어섰다. 손님이 와 있는지 가게 안쪽에서 도란도란 말소리가 들려왔다.

"다녀왔습니다!"

제훈의 목소리가 가게 안에 울려 퍼지자 멀리서 반가운 얼굴이 튀어나왔다. 강 교수였다. 아빠가 그새 컴퓨터를 다 고친 모양이었다.

"어이~! 제훈이 왔구나! 그동안 잘 지냈니?"

강 교수가 제훈이 쪽으로 다가왔다. 강 교수의 싱글거리는 얼굴을 보자 제훈은 그만 꾹꾹 눌러놓았던 서러움이 폭발하고 말았다.

"아니요, 별로…… 잘 못 지냈어요."

강 교수는 고개를 푹 숙인 제훈을 보더니 가게 안쪽을 향해 소리쳤다.

"사장님! 저 제훈이 데리고 요 앞 슈퍼 좀 갔다와도 될까요?"

"아이고, 그럼요! 다녀오세요! 그동안 전 이거 마저 손 좀 봐놓겠습니다."

아빠는 내다보지도 않고 대답 소리만 들려왔다. 제훈은 어깨 위에 놓인 강 교수의 손이 이끄는 대로 가게 밖으로 나왔다.

"무슨 일이 있는 거니?"

횡단보도 쪽으로 발걸음을 옮기며 강 교수가 물었다. 제훈은 물끄러미 그를 올려다보았다. 진짜로 궁금해서 뭔가를 묻는 사람과 건성으로 묻는 사람의 표정에는 차이가 난다. 전자에 속한 사람들은 대답을 듣기 위해 참을성 있는 표정으로 상대방의 눈을 들여다보지만, 후자에 속한 사람들은 시선이 상대에게 머무는 대신 다른 곳으로 쉽게 흩어진다. 강 교수는 제훈의 얼굴을 가만히 바라보고 있었다.

제훈은 강 교수에게 그동안 신성사에서 있었던 일을 털어놓았다. 그는 '신성사'라는 이름을 듣더니 쿡, 하고 짧은 웃음을 터트렸지만 이내 미안하다고 사과를 했다.

"벌써 2주가 지났는데 아이들은 절 받아줄 생각이 없는 것 같아요. 재우 말이 맞는…… 아, 재우란 애가 그 신성사 짱이에요. 저랑 같은 반이기도 하고요. 재우 말이 맞을지도 몰라요. 전 사실 그림도 그다지 잘 그리는 편이 아니고, 소현이처럼 글을 쓰는 재능도 없어요. 사진을 잘 찍는 영훈이는 신성사에서 촬영 담당이에요. 제가 맡아서 할 수 있는 게 없잖아요. 그동안 영화는 많이 봐서 머릿속에 재미있는 장면들이 막 떠오르긴 하지만 그게 애들이 영화를 만드는데 도움이 될 것 같진 않고요."

"꼭 그런 재능을 가지고 있어야만 그 신성사라는 데를 들어갈 수가 있는 거니?"

"다들 말은 그렇게 안하죠. 열정만 있으면 된다고 하고, 열심히 할 각오만 되어 있으면 된다……. 그렇지만 영화를 만드는 동아리에서 열정만으로 할 수 있는 게 뭐가 있겠어요? 거기 있는 애들이랑 저랑은 정말 달라요. 제가 잘하는 건 수학이나 과학, 뭐 이런 쪽이거든요. 선생님도 그렇고 부모님도 그렇고 다 저더러 전형적인 이과 체질이래요. 예술 쪽은 아예 꿈도 못 꾸고요. 과학자나 컴퓨터 공학자, 이런 거 하면 성공할 거라고……. 그동안 신성사에 저 같은 애는 없었을 거예요."

두 사람은 건널목을 건너 슈퍼마켓으로 들어섰다. 아무거나 먹고 싶은 것을 고르라는 강 교수의 말에 제훈은 손에 잡히는 대로 사과주스를 골랐고 강 교수도 제훈과 같은 것을 집어들고 계산을 했다. 가게 앞에는 파라솔이 펼쳐져 있었고 파란색 플라스틱 테이블 주위로 의자 세 개가 놓여 있었다. 강 교수가 먼저 자리를 잡고 앉자 제훈이 강 교수 건너편 의자에 엉덩이를 내려놓았다. 잠시 둘 사이에 흐르던 침묵을 먼저 깬 것은 강 교수였다.

"나도 남들이 말하는 전형적인 공돌이였어. 공돌이라는 말 알지? 미국에서 유학생활을 할 때 일주일에 하루는 극장에서 살 정도로 영화를 좋아했던 거 빼면 아저씨도 너랑 비슷했단다. 아니, 영화를 좋아했던 것까지 비슷하다고 해야겠구나. 우리 사회가 유연하지 못하고 딱딱한 것은 틀에 박힌 사고를 하기 때문이야. 내가 할리우드에서 일했던 컴퓨터 그래픽 전문가라고 하면 사람들은 쉽게 오해를 하더구나. 그래서 마치 내가 예술적 영감이 넘치는 디자이너라도 되는 것처럼 생각을 하지. 자기 홈페이지를 만들어줄 수 있겠냐는 둥, 회사의 로고 디자인을 해달라는 둥, 홍보 영상을 좀 만들어달라는 둥, 여러 가지 부탁을 하는 거야. 거기다 대고 '그런 일은 제가 할 수 없는 일입니다.'라고 하면 다들 반응이 '디자이너라면서요?'라고 되묻는 거지."

"큭큭, 그럴 수도 있을 것 같아요. 컴퓨터 그래픽 전문가라고 하면 다들 컴퓨터 그래픽 디자이너를 생각하잖아요."

"맞아. 대학에 다니면서 고민한 게 그거였어. 내가 공부하고 있는 것은 컴퓨터이고 내가 좋아하는 것은 영화인데, 둘 중 하나를 포기하고 하나를 선택하고 싶지 않은데, 나는 어떻게 하면 좋을까, 하고 말이야."

"그래서 결국 영화를 선택하신 거 아니에요?"

"하하, 아니지. 그렇지 않단다. 컴퓨터와 영화, 둘 중 어느 쪽도 포기하지 않는 길을 선택한 거지."

"네? 그게 가능해요?"

"당근이지. 꿈은 어느 누구의 인생에나 특수효과처럼 근사한 장

면을 남겨주지. 그런 멋진 장면을 얻으려면 포기해서는 안 돼. 미리
부터 안 될 거라고 생각했다면 〈킹콩〉도 〈스타워즈〉도 〈아바타〉도
없었을 거야. 그런 의미에서 수학과 컴퓨터를 좋아하는 네가 예술
인 영화를 만드는 일을 누구보다 잘할 수 있는 이유를 알려줄까?"

"내가 공부하고 있는 것은 컴퓨터이고
내가 좋아하는 것은 영화인데,
둘 중 하나를 포기하고 하나를 선택하고 싶진 않고 어떻게 하면 좋을까,
대학에 다니면서 고민했어."
"그래서 결국 영화를 선택하신 거 아니에요?"
"하하, 그렇지 않단다.
컴퓨터와 영화, 둘 중 어느 쪽도 포기하지 않는 길을 선택한 거지."
"네? 그게 가능해요?"

"꿈은 어느 누구의 인생에나 특수효과처럼
근사한 장면을 남겨주지.
그런 멋진 장면을 얻으려면 포기해서는 안 돼.
미리부터 안 될 거라고 생각했다면
〈킹콩〉도 〈스타워즈〉도 〈아바타〉도 없었을 거야."

- **미니어처**Miniature **기법** 미니어처를 만들어 카메라를 아주 가까이에 대고 촬영을 하고 다른 정상 크기의 물체를 멀리 배치하면 원근감 때문에 미니어처의 크기가 실제보다 훨씬 웅장하고 거대한 느낌을 줄 수 있다.
- **스톱모션**Stop-Motion **기법** 스톱모션 기법은 카메라를 멈추고 정지해 있는 촬영 대상에 변형을 준 다음 다시 촬영을 하고, 다시 카메라를 멈춘 다음에 다시 촬영을 재개하는 방식. 마치 촬영 대상이 갑자기 다른 형태로 변하거나 움직이는 것처럼 보이게 만드는 시각적 효과를 준다. 1895년 짧은 활동사진으로 만들어진 스코틀랜드의 여왕 메리의 처형 장면에서 여왕 역의 배우가 무릎을 꿇고 앉아 있고 사형 집행인이 도끼를 들어 올린 순간 카메라를 멈추고 배우를 인체 모형으로 대체하여 다음 장면을 찍었다. 이것이 최초의 특수효과이자 최초의 스톱모션이다.
- **페이드**Fade **기법** 어두운 화면에서 점진적으로 밝아지면서 다음 영상이 나오거나 그 반대로 밝은 장면에서 점차 어두워지면서 영상이 사라지는 방식으로 화면을 전환하는 기법.
- **디졸브**Dissolve **기법** 한 화면이 사라지는 동시에 다음 화면이 겹쳐지듯이 이어지는 화면 전환 기법.
- **고속 저속 촬영** 영화는 보통 1초당 24 프레임의 화면으로 구성된다. 말 그대로 1초에 24개의 사진이 순서대로 영사되면서 하나의 영상이 만들어진다는 뜻이다. 고속 촬영이란 일반 속도인 초당 24 프레임보다 많은 프레임을 찍어 실제로 영사를 할 때에는 느리게 움직이는 동작처럼 보이는 '슬로모션'을 만들 때 쓰인다. 저속 촬영은 반대로 초당 12 프레

임을 찍어서 1초간 일어난 일을 0.5초 만에 보여주는 기법을 말한다. 영화 속에서 날씨가 비정상적인 속도로 빠르게 바뀌거나 아침부터 밤까지의 시간이 빠르게 지나가는 것처럼 보이는 것이 바로 저속 촬영 기법으로 찍은 것이다.

- **애니메트로닉스**Animatronics **기법** 애니메이션Animation과 일렉트로닉스Electronics의 합성어로 기계적 뼈대나 전자회로를 가지고 실물과 흡사한 모형을 제작한 뒤 원격조종을 통해 움직이게 만드는 기술. 애니메트로닉스로 제작된 모형은 배우와 함께 같은 시공간에서 촬영을 진행하며 실물과 매우 흡사한 외형에 미세한 움직임까지 원격으로 조정이 가능하여 위험한 장면을 촬영하는데 주로 활용된다. 영화 〈죠스〉의 거대한 살인 백상어도 애니메트로닉스로 제작된 것이다.

- **모핑**Morphing **기법** 하나의 이미지를 다른 이미지로 매끄럽게 전환시키는 기법. 원래의 이미지와 변화하고 나서의 이미지 사이에 대응점을 찾아서 형태가 자연스럽게 변하도록 만든다. 1980년대 후반에 처음 소개된 이래로 지금까지도 많은 영상물에서 꾸준히 사용되고 있다.

- **타임 슬라이스 포토그래피**Time-Slice Photography 스틸카메라와 디지털 합성 기술이 만들어내는 슬로모션 기법. 촬영 시간보다 동영상으로 재현되는 시간이 더 길어서 마치 카메라가 정지된 시간 속에서 움직이는 듯한 효과를 준다. 스틸카메라의 수가 많아질수록 슬로모션이 자연스럽게 재현되므로 셔터를 누르는 시간의 간격을 조절함으로써 움직임을 조정할 수 있다. 즉 스틸카메라의 셔터를 누르는 시간 간격이 0에 가까울수록 극단적으로 느린 정지화면에 가까운 영상이 만들어지는 것이다.

- **모델링**Modeling 가상의 3D 공간 안에서 입체적인 형상을 만들어내고 수정하는 것.

- **모션 캡처**Motion Capture 사람, 동물, 또는 기계에 센서를 달아서 그 움직임을 컴퓨터에서 정보로 인식하고 디지털 캐릭터의 움직임으로 전환하는 시각적 특수효과 기법.
- **동역학 시뮬레이션** 독자적으로 또는 기존의 모션 캡처 데이터와 같이 활용되어 수학적 계산을 통해 다양한 동작의 패턴을 만들어내는 기술.
- **블루 스크린**Blue Screen 파란색 스크린 앞에서 촬영을 하고 컴퓨터로 디지털화한 영상 가운데 파란색 부분만 제거하고 다른 화면과 합성해서 현실에서 표현이 불가능한 장면을 시각화하는 것.
- **매트 페인팅**Matte Painting 매트 페인팅은 실사와 같은 정교한 그림을 뜻하는 말로 영화의 배경을 그려서 합성하는 기술이다. 옛날에는 사람이 직접 손으로 그림을 그려서 썼으나 지금은 컴퓨터 그래픽이 대신하고 있다. 실제로 존재하지 않는 환상적인 배경이나 실제 촬영을 가기에는 너무 비용이 많이 드는 장소의 장면을 만들어내는 데 사용되었으며 스튜디오에서 야외 촬영의 효과를 내는 데에도 주로 쓰였다.
- **셀 애니메이션**Cell Animation 애니메이터가 투명한 필름 위에 그린 연속적인 그림을 한 프레임씩 끊어서 촬영한 후 정상 속도로 재생하여 움직이는 것처럼 보이게 하는 애니메이션 기술.

2장

수학을 잘하는 네가
영화를 잘 만드는 이유

보통 할리우드에서 일하던 컴퓨터 그래픽 전문가라고 하면 예술적 감각이 출중한 디자이너라고 생각하기가 쉽지. 그런데 내가 할리우드에서 영화를 만드는 일을 했고, 내가 일하던 회사가 특수효과 전문회사인 것은 맞지만 실제로 그 안에서 내가 했던 일들은 예술보다는 수학과 더 가까운 일이었단다.

컴퓨터 그래픽은 예술과 과학이 하나로 융합한 결과물이라고 할 수 있어. 우리가 눈으로 감상하는 영화의 현란한 영상을 만들어내기 위해서는 디지털 아티스트라고 불리는 사람들이 필요하지. 디자인 공부를 하고 예술 감각이 뛰어난 이 디지털 아티스트들이 포토샵이나 네가 열심히 공부하고 있던 마야 같은 프로그램을 사용해서 그림 작업을 하는 거야. 그런데 그들이 사용하는 포토샵이나 마야는 누가 만들어내는 걸까? 바로 컴퓨터 프로그램을 만드는 프로

그래머들이야. 컴퓨터 그래픽에 관련된 이론들을 잘 알고 있으면서 온갖 그래픽 기술을 개발해내는 사람들이지. 그래서 그들을 '그래픽스 사이언티스트'라고 부르기도 해. 바로 나 같은 일을 하는 사람들을 말하지.

와! 그럼 할리우드 특수효과 회사에서 프로그램을 개발하는 일을 하셨던 거예요? 그런데 그런 프로그램들은 마야처럼 이미 개발이 돼서 나온 것을 사다가 쓰는 거 아니에요?

할리우드의 회사들은 특수효과 작업에 필요한 프로그램들을 직접 만들어 쓰는 경우가 많단다. 프로그램 개발사만 믿고 있다가는 오류가 발생할 때마다 고쳐줄 때까지 기다려야 하고 번거로운 일이 많이 생기지 않겠니? 그리고 디지털 아티스트들이 뭔가 새로운 아이디어를 가지고 작업을 하려면 그 아이디어를 구현해줄 새로운 기능이 추가되어야 할 때도 있지. 그런 일들을 해주는 것이 바로 컴퓨터에 능숙한 개발자들이란다.

예를 들어서 어떤 장면에서 인물만 따로 떼어내 다른 배경에 옮겨놓는 작업을 하려면 아티스트들이 수작업으로 그 인물의 경계선을 따라 일일이 선을 그려야 해. 그런데 마우스 클릭 한 번으로 컴퓨터가 배경과 전경 색깔을 분석하고 자동으로 알아서 인물을 분리해

"어떤 장면에서 인물만 따로 떼어내
다른 배경에 옮겨놓는 작업을 하려면
아티스트들이 수작업으로 그 인물의 경계선을 따라
일일이 선을 그려야 해.

그런데 마우스 클릭 한 번으로
컴퓨터가 배경과 전경 색깔을 분석하고
자동으로 알아서 인물을 분리해준다면
작업 속도는 훨씬 빨라지겠지?
이때 사용되는 것이 바로 수학적인 연산이야.

바람이 불면 나뭇가지가 이만큼 이렇게 움직인다,
사람이 움직이면 이런 종류의 옷감으로 된 옷은
이만큼 이런 식으로 출렁인다,
이런 것들을 수학적으로 계산을 해서
시뮬레이션을 해주지."

준다면 작업 속도는 훨씬 빨라지겠지? 이때 사용되는 것이 바로 수학적인 연산이야.

예를 들어 고등학교에 가면 최적화라는 수학적인 개념을 배우게 되거든. 2차 함수 y의 최솟값을 가지게 하는 x 값은 무엇일까라는 식으로. 이런 개념들을 잘 연습해놓으면 큰 도움이 돼. 배경과 전경을 잘못 판단하는 에러값을 y라고 생각하고 전경 이미지를 x라고 생각한 후, 문제를 풀면 짜잔~ 하고 답이 나오겠지. 그렇게 구한 x 값을 전경 그림으로 다시 표현해주는 것이 바로 최적화 수식에 기초한 컴퓨터 그래픽스의 문제 해결 방식이야.

전통적인 애니메이션 제작 방법은 셀룰로이드 판에 손으로 그림을 한 장 한 장 그려서 만드는 셀 애니메이션이지만 요즘의 애니메이션은 디지털 애니메이션Digital Animation이라고 해서 제작 과정의 일부분, 혹은 전 과정에 컴퓨터 그래픽을 활용해서 만들지. 셀 방식보다는 제작 기간이 짧고 인건비가 적게 드는 장점이 있어.

수작업으로 제작하는 셀 애니메이션은 애니메이터가 각 프레임의 위치를 오로지 감과 상상력에 의존해서 연결시키는 키 프레이밍* 방식을 쓰기 때문에 자연스러운 동작을 만드는데 한계가 있었어. 역동적이고 사실적인 장면을 만들려면 이러한 수작업으로는 시간이 너무 많이 걸리거든. 그래서 역학관계를 치밀하게 계산할 필요가 생겼어.

예를 들면 사람이 말을 할 때 옷이 조금씩 움직이거나, 움직일 때 긴 머리가 살짝 찰랑대거나, 바람이 불면 나뭇잎들이 소소하게 흔들리거나, 잔디의 결이 쏠리거나, 이런 부분들이 눈에 띌까 말까한 작은 요소들이지만 사실 이런 것들이 빠지면 그 장면의 사실성이 확 떨어지거든. 그래서 일일이 다 챙겨서 넣어줘야 하는데 이것들을 다 키 프레이밍 방식으로 만들 수는 없어. 시간이 너무 많이 걸리니까. 사람의 머리카락이 8만 개에서 많게는 13만 개 정도 되는데 머리카락의 움직임을 자연스럽게 만들겠다고 그걸 일일이 키 프레이밍을 할 수는 없는 일이잖니.

그래서 이런 것들을 자동으로 만들어주는 테크니컬 애니메이션 Technical Animation 부서가 필요한 거야. 여기에서는 바람이 불면 나뭇가지가 이만큼 이렇게 움직인다, 사람이 움직이면 이런 종류의 옷감으로 된 옷은 이만큼 이런 식으로 출렁인다, 이런 것들을 수학적으로 계산을 해서 시뮬레이션을 해주는 거지.

골룸의 미소

와, 수학이 컴퓨터 그래픽과 그렇게 깊은 연관이 있다니 놀랍네요. 그렇지만 실제 영화를 만드는데 수학이 어떻게 쓰일 수 있는지는 잘 상상이 가지 않아요.

너 혹시 〈반지의 제왕〉이라는 영화를 본 적 있니? 거기에 나오는 '골룸'이라는 캐릭터, 기억하지? 특이한 외모와 움직임, 목소리, 표정으로 아주 눈길을 끌었지. 바로 그 골룸의 얼굴 표정이 어떤 의미에서 수학의 결정체라고 할 수 있단다.

예전에는 그런 가상의 캐릭터를 만들 때 키 프레이밍 방식을 썼는데 엄청나게 많은 시간과 노력이 들었어. 사실적인 움직임을 만들기 위해서는 세 개에서 다섯 개의 프레임마다 키 프레임을 넣는데, 영화가 1초에 24개의 프레임이 들어가는 걸 감안하면 수없이 많은 등장인물이 나오는 두 시간 분량의 영화를 만들기 위해서 얼마나 많은 시간이 걸릴지 상상조차 할 수가 없을 정도지. 이런 문제를 해결하기 위해 개발된 것이 바로 '모션 캡처'란다.

그런데 이 모션 캡처 기술*이 원리는 단순한데 현실에 적용시키기가 쉽지 않았어. 골룸을 연기하는 모션 캡처 연기자와 골룸의 얼굴 모양새가 완전히 달랐던 거지. 이 문제를 해결하는 데 사용된 것

"모션 캡처 기술이 원리는 단순한데 현실에 적용시키기가 쉽지 않았어.
골룸을 연기하는 모션 캡처 연기자와 골룸의 얼굴 모양새가
완전히 달랐던 거지.
이 문제를 해결하는 데 사용된 것이 놀랍게도
고등학교 수학 교과서의 맨 마지막 단원인
확률 통계에 나오는 조건부 확률이었단다.
사인, 코사인, 함수의 최솟값과 최댓값,
미분, 적분, 확률, 통계……

이것들이 내 인생에 무슨 득이 된다고
이렇게 머리에 쥐가 나게 공부를 해야 하나 의문이었지."

이 놀랍게도 고등학교 수학 교과서의 맨 마지막 단원인 확률 통계에 나오는 조건부 확률이었단다. 먼저 이전 프레임에서 골룸의 살짝 웃는 표정을 조건으로 주는 거야. 그리고 이번 프레임의 모션 캡처 데이터의 3차원 좌표와 아티스트가 원하는 표정 변화라는 조건을 확률적으로 최대한 만족시킬 수 있는 골룸의 표정은 무엇일까를 계산하는 수식을 만들면 자동으로 답이 나오는 방식이지.

이 모션 캡처 기술에 블렌드 셰이프Blend Shape라는 기술을 섞어서 활용을 하기도 했어. 블랜드 셰이프는 하나의 기본 형태를 다른 형태로 변형시키는 방법인데, 우는 얼굴에서 웃는 얼굴로 바뀌는 것처럼 다양한 얼굴 표정의 변화를 만들어내는 데 가장 이상적으로 많이 쓰이지만 강아지가 고양이로 변하고 사람이 괴물로 변하는 것처럼 상상 속의 이미지를 구현할 수 있게도 해주지.

아티스트들이 대표적인 표정 몇 가지를 하나하나 손으로 만드는데, 그걸 블렌드 셰이프라고 불러. 다른 표정들은 이 블렌드 셰이프의 조합을 통해 나오게 되는 거야. 블렌드 셰이프 30~40개를 조합하면 엄청나게 다양한 표정들을 만들어낼 수 있지. 영화 〈반지의 제왕〉은 사실적인 표정 묘사를 위해 1천 개 정도의 블렌드 셰이프를 사용했다고 해. 이 블렌드 셰이프를 조합할 때 아티스트들이 이 표정은 0.3, 이 표정은 0.7, 이런 식으로 일일이 조절을 해주는데 전부 다 그렇게 하려면 시간이 엄청나게 걸리겠지? 그래서 모션 캡처와 함께 쓰는 거야. 앤디 서키스가 얼굴에 3차원 마커들을 붙이고 연기를 해서 그 정보를 블렌드 셰이프로 보내면 그것을 어떤 비율로 조합해서 어떻게 원하는 얼굴 표정을 만들어낼지를 수학적으로 계산을 하는 거지.

오, 수학이 그런 식으로 쓰일 수 있을 줄은 정말 몰랐어요. 저희 반에도 '수포자(수학을 포기한 자들)'이 꽤 있거든요. 다들 수학이라면 얼마나 이를 가는지 몰라요. 다른 과목들은 나중에 살면서 상식과 교양으로라도 써먹는다 치지만 수학은 도대체 무엇 때문에 공부하는지 모르겠다고 불평들이 대단해요.

하하, 나도 마찬가지였어. 사인, 코사인, 함수의 최솟값과 최댓값, 미분, 적분, 확률, 통계…… 이것들이 내 인생에 무슨 득이 된다고 이렇게 머리에 쥐가 나게 공부를 해야 하나 의문이었지. 그래서 고등학교만 졸업하면 이런 아무 짝에도 쓸모없는 걸 공부하느라 골치가 아프지 않아도 될 거라고 믿었어. 그런데 공대를 들어가고 나니까 공대 수학이란 것을 배우지 뭐야. 선형 대수, 벡터 연산, 이산 수학, 수치 해석, 공업 수학, 확률 통계…… 이름만 들어도 엄청 머리가 아프지 않니? 고등학교 때 배웠던 수학도 모자라서 그 개념 위에 좀 더 발전한 다차원의 고급 수학을 다루는 건데, 그때만 해도 컴퓨터 공학 전공과 이런 수학이 무슨 관련이 있다고 대학까지 들어와서 이런 고문을 받아야 되느냐고 신세 한탄을 하는 친구들이 많았지.

그런데 컴퓨터 그래픽 분야에서 일을 하다 보면 그 기본적인 수학 개념들이 정말 엄청난 보물들이라는 것을 새삼 깨닫게 된단다. 할리우드의 영화 제작 현장에서 특수효과 업무의 핵심 열쇠는 바로 이 수학 공식들이 쥐고 있거든.

진짜로 능력 있는 할리우드의 개발자들이란 마치 수학경시대회에 나온 응용문제를 풀듯이 수학적 지식을 총동원해서 주어진 컴퓨터 그래픽 문제를 효율적으로 수식으로 표현해내고 그 답을 구할 줄 아는 사람들이야.

할리우드에서 그동안 1조가 넘는 수익을 냈던 영화들을 보면 특수효과가 광범위하게 사용된 것이 대부분이야. 그만큼 할리우드 영화에서 특수효과가 차지하는 비중이 매우 높아졌다는 얘기지. 그래서 할리우드 영화사의 고위 임원들이 세계의 유명 수학자들과 손을 잡고 연구를 하고 전문성을 가진 수학자들을 고용하기 위해 수학자들만 모이는 학회를 찾아다니기도 한단다.

할리우드에서 유명한 수학자 중에 론 페드키유Ron Fedkiw라는 사람이 있어. 미국 UCLA 대학에서 응용수학으로 박사학위를 받고 스탠포드대 교수로 있는 분인데 할리우드에서는 '아카데미상을 두 번 수상한 수학자'로 유명해. 물체가 부서지는 모습을 실제처럼 구현하

는 시뮬레이션 프로그램인 '피스뱀 파괴 시스템PhysBAM Destruction System'을 개발한 공로를 인정받은 거지. 이 시스템을 이용하면 하늘에서 운석이 떨어지는 장면을 상상으로 그리는 것이 아니라 중력의 법칙을 적용해서 운석의 움직임을 예측하고 사실적으로 표현해낼 수 있어. 2008년에 나온 영화 〈캐리비안의 해적〉에서는 몰아치는 폭풍우와 거대한 바다 소용돌이를 유체 역학의 나비어스톡스 방정식을 풀어 만들어내기도 했지. 수학과 과학적 지식이 총동원된 이런 장면들의 사실적 생동감은 전통적인 방식으로는 도저히 따라잡을 수 없어. 페드키유 박사는 직접 영화의 컴퓨터 그래픽 작업에는 참여하지 않지만 이를 위한 수학적 기반을 제공하는 역할을 한 거야.

제훈은 책상 앞에 앉아 컴퓨터를 켰다. 강 교수의 이야기를 얼마나 정신을 쏙 빼놓고 듣고 있었던지 아빠가 슈퍼마켓까지 두 사람을 찾으러 왔다. 강 교수는 아빠가 건네준 컴퓨터 본체를 들고 제훈에게 또 다시 눈을 찡긋 하고 윙크를 보내더니 돌아갔다.

"교수님이랑 무슨 얘기를 그렇게 오래했니?"

아빠가 궁금한 듯이 물었다.

"뭐, 그냥…… 컴퓨터에 대한 얘기요."

"그래? 교수님이 뭐라고 하시던?"

"훌륭한 컴퓨터 박사가 되려면 컴퓨터만 들여다보지 말라고요."

제훈은 슬그머니 입꼬리를 올리며 미소를 지었다. 아빠는 도통 무슨 말인지 모르겠다는 듯 제훈의 얼굴을 쳐다보다가 다시 작업대로 고개를 돌렸다.

제훈은 바탕화면에 있는 '마야' 바로가기를 클릭했다. 그리고 책상 서랍 속에 넣어둔 노트를 꺼냈다. 그리고 책상 주변부터 시작해서 방 안을 천천히 한 바퀴 둘러보았다. 뭔가 예술적인 영감을 줄 만한 것을 찾는 것이었다. 초등학교 내내 단 한 번도 미술 시간에 칭찬이라는 걸 받아본 적이 없는 건 재능이 조금도 없기 때문이라고 단단히 믿어왔건만, 수학을 잘해서 공대를 간 교수님도 영화 특수효과를 만드는 일을 하고 있지 않은가. 제훈은 뭔가 아이디어를 생각해내려고 책상 위의 스탠드를 노려보았다가, 전자제품 판매점에서 사은품으로 얻어온 아이언맨 피규어도 한참 쳐다보았다가, 머그컵에 잔뜩 꽂혀 있는 연필들을 들여다보기도 했다.

'도대체 예술적 아이디어라는 게 어떻게 하면 생기는 거지? 아무리 해도 떠오르는 게 없는걸.'

제훈은 마야 대신 유튜브에 들어가 마야로 만든 샘플 영상들을 찾아보기 시작했다. 귀여운 불꽃을 머리 위에 단 라이터 캐릭터가 이리저리 흔들흔들 춤을 추듯 움직이는가 하면, 무시무시한 배경음악이 깔리면서 유령이 나올 것 같이 생긴 집이 지진이 난 것처럼 흔들리기도 했다. 말끔하게 완성된 단편 애니메이션 작품도 있었다.

'마야로 만들어낼 수 있는 게 이렇게 무궁무진한데 왜 내 머릿속은 눈 내린 벌판처럼 하얗기만 한 거지. 젠장.'

아직 노트는 점 하나도 찍지 않은 백지 상태인데 제훈은 벌써부터 기운이 쭉 빠지는 것 같은 느낌이 들었다.

며칠 뒤, 제훈은 다시 신성사 동아리 문을 두드렸다. 문을 열고 들어서자 재우와 아이들이 제훈을 쳐다보았다.

"헐, 이렇게 질긴 놈일 줄은 몰랐네. 하긴 그 정도는 돼야 전교 1등도 하고 그러는 거냐?"

재우가 잔뜩 빈정거리는 투로 말했다. 제훈은 이제 화도 나지 않았다. 대신 재우의 눈을 똑바로 쳐다보며 진지한 목소리로 말했다.

"보여줄 게 있어."

제훈은 재우의 대답을 기다리지도 않고 가방 안에서 노트북 컴퓨터를 꺼냈다. 아빠가 초등학교 때 제훈에게 선물해준 그 구닥다리 노트북이었다. 제훈이 전원을 켜자 노트북이 웽웽하는 요란한 소리를 내며 돌아갔다. 아이들이 노트북 주위로 모여들었다.

"야, 이건 컴퓨터가 아니라 무기네, 무기. 이걸로 쳤다간 머리통 깨지겠다."

"그러게. 이 무거운 걸 어떻게 학교까지 들고 왔대. 범생이가 들고 다닐 책도 많을 텐데. 큭큭."

제훈은 USB를 꺼내 노트북에 꽂았다. 재잘대는 아이들의 목소리는 귀에 들어오지도 않았다. 가슴팍에서 제 심장이 쿵쾅대는 소리가 더 크게 들렸기 때문이었다. 그리고 저장해놓은 파일을 찾아 그 위에 커서를 올려놓고 꾹 눌렀다. 마치 몇 날 며칠 조립한 로봇 장난감에 건전지를 넣고 스위치를 올릴 때, 아니 수학경시대회에서 시험지를 막 받아들었을 때처럼 그 찰나의 순간으로 인해 세상의 운명이 결정되는 것만 같은 기분이었다.

파일이 재생되자 화면에 허수아비처럼 생긴 사람이 등장했다. 그리고 너울너울 춤을 추기 시작했다. 그리고 배경에 '신성사'라는 글자가 온갖 색깔로 등장했다가 조각조각 부서졌다가 다시 맞춰지며 현란한 무늬를 만들어냈다. 동영상은 1분 30초 정도로 짧았다. 재생 화면이 멈추고 난 뒤 잠시 침묵이 흘렀다.

"이거 네가 만든 거야?"

영훈이 물었다.

"응."

제훈은 영훈의 말투가 어땠는지를 되새겨보려 애쓰며 대답했다.

"애썼네."

"그러게."

누군가의 질문에 '네', 혹은 '아니오'로만 대답하는 것보다 더 최악은 누군가의 노력의 결과물을 보고 '네', 혹은 '아니오' 수준의 평가를 내리는 걸 것이다. 제훈은 용기를 내어 옆에 늘어선 아이들의 얼굴을 차례로 훑어보았다. 그때 재우가 제훈의 어깨를 쥐고 가볍게 흔들었다.

"만드느라 고생하긴 했는데 말이야, 네가 봐도 좀…… 뭔가 2프로 부족하지 않니? 아니, 2프로는 무슨, 10프로지. 이런 건 딱 보자마자, 우와아! 이런 반응이 나와야 하는 거라고. 근데 얘들 하는 얘기 들었지? 밍숭맹숭 하잖아?"

"야, 짱! 이렇게까지 했는데 그만 받아줘. 그리고 어차피 우리도 다음 작품 하려면 기술자 하나쯤은 있는 게 좋잖아."

기훈이가 말했다.

"그래, 그러자. 우리 빨리 영화제 준비해야 하는데 이러고 노는 것도 이제 그만해야지."

재우는 김빠진 얼굴로 제훈의 등짝을 탕, 하고 치더니 주머니에서 휴대폰을 꺼냈다. 그리고는 잠시 만지작거리더니 제훈에게 넘겨주었다.

"그거 우리가 지난번에 만든 거야. 영화 만드는 데 넣을 수 있을지 시험 삼아 해본 건데 한번 봐."

동영상 속에서 영훈과 태준이 골목길에서 싸움을 벌이고 있었다. 그런데 중국 무술영화에서처럼 손바닥에서 장풍이 쏟아져 나오기도 하고, 순식간에 연기처럼 사라졌다 나타나기도 했다. 배경음악까지 더해져서 마치 먼 미래에서 온 고수들의 목숨을 건 대결처럼 보였다.

"괜찮지? 그냥 효과만 좀 넣은 거야. 합성도 하고 그럼 나중에 진짜 작품 만들 때 쓸 수 있을 것 같은데 어때?"

"어, 멋지네!"

재우가 드디어 자신을 받아들여주었다는 기쁨은 이미 온 데 간데 없었다. 제훈은 그저 자신이 동영상의 플레이 버튼을 눌렀던 그 시간으로 돌아가고 싶은 마음뿐이었다. 재우와 아이들이 만들었다는 그 동영상에 비하면 자신의 동영상은 그저 유치원 아이들의 재롱잔치 수준인 것만 같았다.

"신성사에 들어왔으니까 너도 네 할 일을 찾아. 나머지 파일들은 영훈이가 이메일로 보내줄 거야. 열심히 한게, 이런 말은 할 필요도 없어. 무조건 잘해야 돼. 알았지?"

그날 저녁, 집으로 돌아온 제훈은 컴퓨터를 켜자마자 이메일을 확인했다. 영훈에게서 다섯 개의 동영상이 첨부된 메일이 와 있었다. 맨 위의 파일을 열어보았다. '학교괴담' 류의 짧은 공포영화였는데 시간이 짧아서 줄거리가 있는 영화라기보다는 샘플 영상에 가까웠다. 으스스한 복도로 여학생이 걸어가면 지나가는 곳마다 벽에 녹색 이끼처럼 생긴 어두운 기운이 스멀스멀 올라왔다. 약간 색이 튀기는 했지만 꽤 그럴 듯했다.

제훈은 동영상이 끝나자 '새 메일 쓰기' 버튼을 눌렀다. 그리고 서랍 속에 넣어둔 강 교수의 명함을 꺼내 이메일을 쓰기 시작했다. 이렇게 불쑥 이메일을 보내도 되나 싶었지만 달리 하소연을 할 곳이 없었다. 그렇다고 아빠에게 영화 동아리에 들어갔노라고 이실직고를 할 수도 없는 노릇이었다. 그리고 며칠 뒤 그에게서 엄청난 장문의 답장이 왔다.

"컴퓨터 그래픽 분야에서 일을 하다 보면
기본적인 수학 개념들이 정말 엄청난 보물들이라는 것을 새삼 깨닫게 된단다.
할리우드의 영화 제작 현장에서
특수효과 업무의 핵심 열쇠는 바로 이 수학 공식들이 쥐고 있거든.

진짜로 능력 있는 할리우드의 개발자들이란
마치 수학경시대회에 나온 응용문제를 풀듯이
수학적 지식을 총동원해서
주어진 컴퓨터 그래픽 문제를 효율적으로
수식으로 표현해내고 그 답을 구할 줄 아는 사람들이야.
그래서 할리우드 영화사의 고위 임원들이
세계의 유명 수학자들과 손을 잡고 연구를 하고
전문성을 가진 수학자들을 고용하기 위해
수학자들만 모이는 학회를 찾아다니기도 한단다."

• **키 프레이밍**Key Framing 필요한 얼굴 표정이나 몸동작을 일일이 수작업으로 만든 뒤 시간에 간격을 두고 일련의 프레임 중에서 키를 지정하는 것. 그러면 두 개의 키 프레임 사이의 표정들이 보간법(interpolation 주어진 함숫값을 기초로 점들 사이의 모르는 함숫값을 추정하는 방법)을 통해 적절히 생성된다. 예를 들면, 웃는 표정에서 슬픈 표정으로 변하는 것을 보여주기 위해 수작업으로 웃는 표정과 슬픈 표정을 각각 만들고 두 표정을 순차적인 비율로 섞어가면서 표정의 변화를 만들어내는 것이다.

- **모션 캡처**^{Motion Capture} **기술** 모션 캡처 연기자는 꽉 끼는 옷을 입고 적외선에 반응하는 전자 마커를 부착한 채 연기를 한다. 이 마커들은 신체의 움직임을 결정하는 주요 관절 부위와 표정 연기를 위해 눈꺼풀을 포함하여 표정을 관장하는 주요 얼굴 근육에 부착된다. 그리고 수십에서 수백 대의 카메라들이 적외선을 방사하는 가운데 이 적외선에 반응하는 마커들의 동작을 녹화하는 것이다. 그리고 이 움직임이 그대로 디지털 캐릭터의 동작으로 옮겨진다. 2009년 개봉한 영화 <아바타>에서 푸른 피부의 거인족인 나비족의 연기는 가장 발전한 모션 캡처 기술을 보여주는 것으로 평가받고 있다.

3장

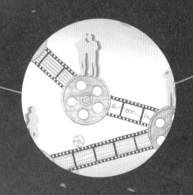

혼자서는
절대로 할 수 없는 일

제훈아, 일단 신성사에 들어간 거 축하한다. 아이들한테 보여주려고 만든 동영상 때문에 네가 마음이 많이 상했나 보구나. 첨부해준 파일은 열어봤어. 내가 보기엔 아주 열심히 잘 만들었던데, 뭘. 아직 마야라는 프로그램을 능숙하게 다룰 수 없기에 부족한 점들이 보이기는 하지만 이제 컴퓨터 그래픽의 세계를 조금씩 이해하기 시작한 너에게는 훌륭한 첫 작품이라고 생각한다. 그리고 그걸 보고 나니 네가 아이들하고 좀 더 친해진 뒤에 힘을 합쳐서 영상을 만들면 지금까지 신성사에서 만든 그 어떤 작품보다도 뛰어난 작품을 만들 수 있을 거라고 확신하게 됐어. 왜 그런 줄 아니?

할리우드 특수효과의 분업 시스템

모델링Modeling

영화의 비주얼 이펙트라는 분야는 한 사람의 힘으로 만들어지는 게 아니란다. 수많은 분야의 전문가들의 협업으로 이루어지는 거야. 일단은 전체 영화 줄거리를 놓고 어떤 곳에 어떤 이펙트들을 넣을 것인지, 어떤 캐릭터를 만들어낼 것인지 협의하는 것에서부터 시작하지. 그리고 나서 맨 처음 하는 것을 모델링이라고 하는데, 가상의 공간 안에서 입체적인 물체, 즉 오브젝트Object를 만들어내는 것을 말해. 컴퓨터가 이해하기 쉽도록 오브젝트의 표면을 다양한 크기의 삼각형, 사각형의 집합으로 형태를 표현을 하는데 이 모양이 그물 같다고 하여 메쉬Mesh라고 하지. 모델링을 잘하려면 기본적으로 인체 드로잉 능력과 예술 감각이 필요하단다.

리깅Rigging

그다음 단계인 리깅에서는 리거Rigger들이 앞에서 만든 디지털 캐릭터가 자유롭게 움직일 수 있게 만드는 일을 해. 컴퓨터로 만든 캐릭터가 완성되고 나면 모니터 속에서 입체적인 모습으로 보이니까 이제부터는 그냥 막 움직일 수 있을 거라고 생각하기가 쉽지. 그런데 디지털 캐릭터도 뼈대가 필요하고 근육이 필요하단다.

대상이 사람이면 인체를 구성하는 뼈와 관절, 근육의 움직임, 동작에 연관된 피부의 움직임까지 수학적으로 일일이 정의를 해서 지정을 해줘야 해. 그리고 동물이면 사람과는 달리 네 발로 움직이는 경우에 맞춰서 새로운 정의가 필요하지. 가끔은 자동차의 바퀴나 비행기의 엔진과 같이 사람이 만들어낸 물체들의 움직임을 만들어낼 필요도 있는데 이럴 때는 기계에 관련된 지식들도 유용하게 사용될 수 있단다.

애니메이션 Animation

이렇게 리깅이 된 캐릭터를 넘겨받는 사람들이 애니메이터들이야. 캐릭터가 걷고 뛰는 등의 동작이 생동감 있게 보이도록 모양을 잡아주는 사람들이지. 말하자면 캐릭터에 숨을 불어넣는 작업과 마찬가지야. 인체공학이나 운동역학에 대한 지식도 필요하고 사람이나 동물의 몸이 어떤 모양으로 움직이는지에 대한 세심한 관찰력, 그리고 예술적인 연출력도 필요해.

테크니컬 애니메이션 Technical Animation

머리카락이나 옷, 나뭇가지의 흔들림 등 눈에 크게 띄지는 않지만 무시할 수 없는 시각적 요소들을 첨가해 주는 일을 테크니컬 애니메이션이라고 해. 이러한 요소들이 시각적으로 크게 두드러지지 않는다고 해서 쉽게 생략해버리면 관객들은 영화를 보며 정확히는 모르겠지만 영화의 시각적 효과가 사실적이지 않네, 무언가 어색하네, 라는 느낌을 받게 되지. 예를 들어 창밖에 산들 바람이 부는데 나뭇가지가 움직이지도 않고 그냥 뻣뻣하게 서 있다면 이상하겠지? 그래서 이런 사소한 부분들을 반드시 함께 고려를 해야 하는데 일일이 키 프레이밍을 하기에는 손이 너무 많이 가니까 다이나믹스 수식을 풀어서 필요한 효과를 자동으로 만들어주는 거야. 물체의 움직임이 전적으로 수학에 기반해서 만들어진다고 하여 테크니컬이라는 이름이 붙여진 거지.

트레킹 Tracking

특수효과의 제작 과정에는 여러 중간 단계들이 있어. 한 예를 들자면 '트레킹'이라는 단계가 있는데, 현장에서 실사 촬영에 사용한 모든 카메라의 정보들을 계산하는 작업이야. 카메라들마다 위치는 어디였나, 어디에 설치된 카메라였나, 초점거리는 얼마였나, 렌즈값은 얼마였나 하는 것들을 세밀하게 챙기는 거지. 이런 수치들을 정확하게 디지털 캐릭터에 적용을 시켜야 나중에 실사 배경에 합성을 했을 때 마치 한 공간 안에서 같은 카메라로 찍은 것 같은 효과가 나오게 돼. 이를 위해 보통은 컴퓨터 비전 기술을 많이 활용하는데 수학적으로 완벽한 결과를 도출하기 어려운 경우에는 사람

들이 프레임 단위로 일일이 확인을 하면서 수작업으로 수정을 하기
도 한단다.

이펙트 Effect

그 다음이 이펙트 부서야. 이펙트 아티스트들은 사람이나
동물과 같은 캐릭터들의 움직임이 아닌 건물의 폭파라든지 물체의
부서짐을 포함하여, 폭풍우, 비바람, 안개, 구름 등 주로 자연현상에
서 보이는 비주얼적인 요소들을 만들어내는 일을 하지. 이 부서에
서 일하는 사람들은 유체 역학 등의 기계공학적인 지식뿐만 아니라
자연현상을 주의 깊게 관찰해서 창의적으로 표현할 수 있는 예술적
인 감각을 두루 갖추고 있어야 한단다.

라이팅 Ligthing

그 다음으로 라이팅을 빼놓을 수 없지. 마지막으로 화면
에 실제와 똑같은 색감을 넣어주는 일을 말해. 라이팅 아티스트들
도 트레킹과 마찬가지로 실사 촬영을 했을 때 현장에서 쓰인 인공
조명들의 위치와 각도, 환경적 조건이 무엇이었는지, 태양의 위치는
어디였는지와 같은 정보들을 다 계산해서 적용시키는 거지. 그래야
나중에 합성하고 난 뒤에도 사실적으로 보일 수 있으니까 말이야.
그렇지만 이런 트레킹이나 라이팅을 하는 사람들이 기술자는 아니

야. 오히려 아티스트에 가깝지. 그들이 작업을 하는데 사용할 프로그램을 만들어주는 사람들이 공학을 전공한 기술자들이고, 아티스트들은 그 프로그램을 이용해서 자유롭게 서로 다른 값을 대입해보면서 가장 사실적인 카메라 각도와 조명의 밝기를 찾아내는 거야.

합성

　　　　마지막으로 합성 단계에서 그동안 만들어놓은 이미지들을 하나로 합치게 돼. 하나의 장면을 완성하기 위해서는 근경, 중경, 원경의 배경들, 그리고 그 사이에 있는 건물이나 주택들, 맨 뒤의 산들…… 이렇게 적어도 20~30개의 이미지들이 필요하단다. 그리고 이 단계에서 와이어 액션에 쓰였던 와이어들을 지우는 일도 하지. 중국 영화나 액션 영화에 보면 사람이 하늘을 막 날아다니고 지붕 위를 뛰어다니는 장면들이 나오지 않니? 배우들이 와이어를 몸에 고정하고 연기를 하면 아티스트들이 그걸 일일이 손으로 다 지워주는 거란다. 그리고 전체적인 색감을 맞추고 나면 극장에서 우리가 보는 영화 장면이 완성이 되는 거야.

　자, 이렇게 완벽한 영화의 한 장면을 만들어내기 위해서는 수많은 사람들이 함께 일을 해야만 해. 자신만의 능력을 발휘하는 것도 중요하지만 서로의 부족한 점을 채워주는 것도 그 못지않게 중요하

"거대한 배를 움직이기 위해서는 모두 다 같이 노를 젓는 것이 중요해.

유독 힘이 센 어느 한 사람이 빨리 노를 움직인다고 해서

배가 더 빨리 앞으로 나가지는 않아.

도리어 한 자리에서 뱅글뱅글 맴만 돌 뿐이지.

서로가 적절히 힘을 분배하고 서로 도와주면서

조화를 이루어야 훌륭한 결과를 만들어낼 수 있는 거란다."

단다. 너 혼자서 며칠 밤을 새며 샘플 영상을 만드는 동안 부족한 점이 무엇인지 깨달은 게 있지 않니? 신성사 친구들 중에 네 대신 그 일을 해줄 친구가 없을까? 그리고 그 친구들이 부족한 점 중에 네가 좀 더 잘할 수 있는 일이 있지 않을까?

거대한 배를 움직이기 위해서는 모두 다 같이 노를 젓는 것이 중요해. 유독 힘이 센 어느 한 사람이 빨리 노를 움직인다고 해서 배가 더 빨리 앞으로 나가지는 않아. 도리어 한 자리에서 뱅글뱅글 맴만 돌 뿐이지. 서로가 적절히 힘을 분배하고 서로 도와주면서 조화를 이루어야 훌륭한 결과를 만들어낼 수 있는 거란다.

다음날 제훈은 수업이 끝나고 동아리 교실로 갔다. 정식 신성사 소속으로는 첫날이었다. 평소 같으면 아이들이 떠들며 서로 목소리를 높이느라 복도에서부터 시끌시끌한데 오늘따라 이상하게 조용했다.

'어? 요즘 매일 모인다고 했는데 아무도 안 왔나? 첫날부터 물 먹이는 건가?'

제훈이 교실 문을 열자 안에는 평소처럼 2학년 아이들이 둥그렇게 모여 앉아 있었다. 다만 모두가 무슨 생각을 그리 골똘히 하는지 입을 꾹 다물고 있을 뿐이었다.

"안녕, 애들아? 늦어서 미안. 수학 선생님이 다다음주 경시대회 때문에 할 얘기가 있다고 부르셔서……."

"어, 괜찮아. 거기 앉아. 우린 회의 중이었어."

영훈이 고개도 돌리지 않은 채 제훈의 말꼬리를 툭 자르며 말했다.

"무슨 회원데? 그때 말했던 영화제?"

제훈은 재우 옆의 널찍하게 빈 공간은 놔두고 굳이 소현이와 영훈이 사이를 비집고 앉으며 물었다.

"맞아. 이제 슬슬 작품을 만들어야 하는데 말이지. 소현이가 스토리를 써오긴 했는데 아무래도 이게……."

"왜? 스토리가 별로야?"

제훈의 말에 소현이가 얼굴을 찌푸렸다.

"이거 왜 이러실까. 스토리야 당근 죽이지. 그런데 스토리만 죽이면 뭐하나. 현실이 안 받쳐주는데."

"그게 무슨 소리야?"

"이번에는 애니메이션이랑 실사랑 합성을 좀 해서 만들어보면 어떨까 하고 말이야. 그동안 찔끔찔끔 이펙트 넣는 건 많이 해봤으니까 판을 키워가지고 해보자 이거지. 보고 나서 야, 중학생 애들이 어떻게 이런 걸 만들었지? 이런 생각이 팍 들게 말이야. 근데 역시 중학생은 안 되는 거였어. 우리 수준에는 그냥 꿈인 거지, 꿈."

제훈은 책상 위에 흩어져 있던 프린트물들 중 하나를 집어 들고 찬찬히 읽어 내려가기 시작했다.

2036년의 학교.

교내에서 진짜 인간은 학생들과 교장 선생님, 교감 선생님, 그리고 학생주임뿐이다. 인간보다 월등하게 똑똑하고, 100개의 언어를 할 줄 알며, 도서관 몇 개 분량의 지식을 외우고 있어 그 어떤 질문에도 대답할 수 있는 인공지능 로봇들이 수업을 담당하고 있다. 그들은 오직 지식의 효과적인 전달만을 목표로 한다. 교내 환경미화나 행정업무 같은 것들은 인간보다 훨씬 정확하고 빠른 로봇들로 대체되었다.

로봇 교사들은 학생들의 눈의 움직임이나 하품의 횟수, 교실 내 산소포화도 같은 것들을 계산해서 학생 개개인의 신체 상태를 빠르게 파악하고 수업 중간에라도 쉬는 시간을 갖게 하거나, 학생들의 성적 변화를 세밀하게 측정하여 개별적인 학습 목표치를 정해주기도 한다. 그리고 학생들의 가정환경이나 학습에 영향을 미칠 수 있는 기타 여건들을 데이터화해서 학생들의 심리상태를 예측하고 관리하기도 한다.

그래도 이유 없이 반항을 하거나 말썽을 일으키는 놈들은 어디든지 꼭 있다. 고집스런 두 녀석, 수와 철. 이들은 공부에는 도통 관심이 없고 수업 시간에도 목표는 오로지 로봇 교사가 말문이 막힐 만한 질문을 한다. 그래서 둘은 매일매일 서로의 집을 오가며 인공지능이 대답하기 어려운 질문을 만들어 내기 위해 온갖 분야의 책들을 읽고 토론을 한다.

그러던 어느 날, 여느 때처럼 수업 시간 틈틈이 질문을 해대던 둘은 로봇 교사에게 이런 질문을 한다.

"알파 X는 매일 우리 질문에 대답만 해주고 왜 질문은 하지 않나요?"

그러자 로봇 교사가 대답한다.

"그건 내가 모르는 답이 없기 때문입니다."

그러자 수가 물었다.

"그럼 알파 X는 이미 알고 있는 것 말고 알고 싶은 게 하나도 없나요?"

"……."

그러자 로봇 교사가 입을 다물고 말았다. 신이 나서 환호성을 지르는 수와 철. 그런 둘을 무표정하게 쳐다보는 아이들. 그리고 미묘한 오작동을 일으킨 듯 뭔가 불안정한 움직임을

보이는 로봇 교사 알파X.

점심시간이 지나고 잠시 꾸벅꾸벅 졸음에 빠진 수와 철. 졸다가 문득 깨보니 낯선 교실에서 온몸이 의자에 꽁꽁 묶여 있다. 비명을 지르며 도움을 요청하는 두 녀석 앞에 로봇 교사 알파X가 나타난다.

"왜 이런 짓을 하는 거죠?"라고 묻자 알파X는 자신이 한 일이 아니라고 한다. 그때 교실 문이 열리면서 한 명씩 안으로 들어서는 반 친구들.

둘에게 수면제가 든 콜라를 마시게 해서 교실에 묶어놓은 건 바로 그들이었다. "모든 데이터를 분석해서 예측을 해도 두 사람만큼은 항상 예측 범위를 벗어나더군요."라고 말하는 알파X. 맨 앞줄에 서서 수와 철을 가면 같은 무표정한 얼굴로 내려다보고 있는 성규에게 묻는다.

"아무리해도 정답을 알 수 없는 문제가 있을 때에는 어떻게 하면 될까요?"

그러자 성규가 대답한다.

"답이 없는 문제란 없어요. 시험에도 절대 나오지 않아요. 그러니까 그런 문제는 있으면 안 돼요."

성규를 따라서 아이들이 복창한다.

"있으면 안 돼요."

이것은 나쁜 짓이라며 학생들이 나쁜 짓을 하는데도 그대로 보고만 있는 선생님은 없다고 항의하는 수와 철에게 알파 X 는 묘한 표정을 지으며 말한다.

"문제의 정답을 찾아내는 방법을 알려주는 것이 저의 역할입니다. 그 방법이 좋고 나쁘고는 제가 판단할 수 있는 것이 아니에요."

서서히 자신들을 향해 다가오는 반 아이들을 공포에 질린 얼굴로 바라보는 수와 철……

"얘기는 죽여주지? 근데 이걸 어떻게 만드냐고요. 지난번에 학교 복도에 나타난 유령 이야기를 단편으로 만드는데 재우 재가 그거 작업하느라고 시험공부도 못했어. 그때 석차가 팍 떨어져가지고 재네 아빠가 영화 동아리 때려치우라고 난리도 아니었단 말이지."

태준이가 말했다.

"야, 너 쓸데없는 소리 할래? 그건 내가 유튜브에서 일일이 프로그램 사용법을 찾아가면서 만들다 보니 그랬던 거지. 그때 한 번 해 봤으니까 이젠 그렇게 오래 걸리지 않을 거야."

재우는 한 번 해보자고 밀어붙이는 중이었다.

"그래도 이번은 그때처럼 유령 몇 번 튀어나오는 정도가 아니라 아예 주인공이 로봇이잖아. 어휴, 암만 그래도 너 혼자 이걸 어떻게 한다고 그래."

영훈이가 말도 안 된다는 듯이 고개를 내저었다.

제훈은 스크립트를 손에 쥔 채로 잔뜩 먹구름이 낀 얼굴로 웅성 거리는 아이들을 쳐다보다가 입을 열었다.

"너희들, 나랑 어디 좀 같이 가자."

"어디?"

"여기서 설명하려면 너무 길고. 일단 가보면 알아."

"여기 전부?"

"어, 모두 다. 우리 다 같이."

4장

열린 마음을 위한 방정식

일곱 명의 아이들이 하얀 화강암으로 만들어진 높다란 조형물을 목이 꺾어져라 올려다보며 서 있었다. 소현이는 조형물 앞의 대리석 벽에 커다랗게 쓰인 파란색 글자를 쳐다보았다.

"여기 카이스트잖아. 여길 대체 왜 온 거야?"

제훈은 대답을 하지 않은 채 앞장서서 캠퍼스 안으로 성큼성큼 들어갔다. 강 교수가 문자 메시지로 보내준 약도 덕분에 가는 길은 어렵지 않게 찾을 수 있었다.

"여어! 제훈! 오래간만이야. 오, 다른 친구들도 안녕?"

노크를 하자마자 금세 문이 열리고 강 교수의 싱글벙글 웃는 얼굴이 아이들을 반갑게 맞아주었다. 제훈은 어색한 표정으로 고개만 꾸벅 숙이는 아이들의 등을 떠밀며 어서 들어가자고 재촉을 했다.

"여기가 어디야?"

영훈이 제훈을 향해 속삭이듯 물었다.

"여기? 카이스트잖아."

"아, 그걸 몰라서 묻냐? 여긴 어디고 저분은 누구냐고!"

이번에는 짜증이 섞인 목소리였다.

"얘들아, 나는 카이스트 문화기술 대학원에서 비주얼미디어랩이라는 곳을 맡고 있는 강호정 교수라고 해. 다들 반가워!"

강 교수가 쾌활한 목소리로 인사를 하자 아이들은 강 교수와 제훈을 번갈아가며 쳐다보았다.

"아빠 가게에 자주 오시는 분이야."

제훈이 눈치껏 잽싸게 덧붙였다.

그러나 아이들은 여전히 말이 없었다. 왜 제훈이 이곳에 자신들을 데리고 왔는지 여전히 오리무중이라는 표정이었다.

"아까 너희들 얘기를 듣다가 문득 생각이 난건데…… 영화제에 출품할 작품을 만드는데 혹시라도 도움이 될까 해서 말이야."

"풋! 카이스트에서? 어떻게? 속도 빠른 신형 컴퓨터라도 빌려가게?"

재우가 말했다. 뭔가 단단히 마음에 들지 않는다는 듯한 투였다. 그리고는 강 교수를 향해 몸을 돌렸다.

"교수님, 죄송합니다. 쟤가 뭘 좀 잘못 생각한 거 같아요. 저희가 영화 동아리를 하거든요. 영화제에 출품할 작품을 만들려고 준비하는 중인데……."

"응, 신성사? 알지. 거 참, 들을 때마다 이름은 기가 막히게 지은 것 같구나. 하하. 그리고 무슨 일인지는 아까 제훈이가 전화로 대충 설명해줘서 들었단다."

"그랬어요? 에이, 그럼 그때 좀 말리시지 그러셨어요."

"말릴 이유가 없었거든. 나도 영화에 대해 관심이 많아서 말이지."

"교수님도 영화 좋아하세요?"

"좋아하기야 무지하게 좋아하지. 그러니까 영화 만드는 일을 하고 있지 않겠니?"

"네?"

그제야 제훈은 얼굴을 활짝 펴고 재우를 쳐다보며 말했다.

"강 교수님은 비주얼 이펙트 전문가셔. 할리우드에서 영화 특수 효과를 만드는 회사에서 일하셨대."

'할리우드'라는 말을 듣자마자 이마에 주름까지 세워가며 눈을 동그랗게 뜬 아이들의 시선이 일제히 강 교수에게 쏠렸다.

"우와아아아아~."

"아, 이런이런. 그렇게 놀랄 일은 아니지 않니?"

"할리우드라면서요! 할리우드 영화라니! 진짜예요? 완전 멋지다! 할리우드에 한국 사람들이 많나요? 저도 나중에 커서 할리우드에서 영화를 만드는 일을 해보고 싶어요!"

"저도요! 저도요! 그런데 어떤 영화를 만드셨어요?"

아이들이 앞다투어 이런저런 질문들을 쉴 새 없이 쏟아냈다. 호기심으로 눈빛이 반짝거리는 건 재우도 마찬가지였다. 강 교수의 입에서 〈수퍼맨 리턴즈〉, 〈황금나침반〉, 〈나니아 연대기〉 같은 영화의 제목들이 나올 때마다 누가 따로 전등 스위치라도 올린 것처럼 재우의 얼굴이 갈수록 환해졌다.

"그럼 교수님은 영화를 공부하셨나요? 그런데 카이스트는 과학이나 수학을 잘하는 애들이 오는 곳 아니에요?"

"음…… 내 전공은 컴퓨터 공학이야. 그런데 영화가 너무 좋아서 영화에 관련된 일을 하고 싶다는 생각을 품게 됐지. 그래서 사실적인 얼굴 애니메이션을 자동으로 만들어내는 기술에 대해 박사 학위 논문을 썼단다. 외계인이건 강아지건 유령이건 일단 영화에 등장하는 캐릭터들은 모두 '진짜'처럼 보여야 하니까."

"저도 영화의 특수효과를 보면서 궁금했었어요. 요즘은 그런 영화가 대세잖아요. 가짜인 게 너무나 확실한데 보다 보면 진짜보다 더 진짜 같거든요. 박사님은 그런 걸 어떻게 하면 만들 수 있는지 잘 아시겠네요?"

재우가 말했다.

그러자 강 교수가 재우를 향해 미소를 지으며 대답했다.

"그럼 몇 가지 예를 들어 설명을 해줄 테니 잘 들어보렴."

할리우드 블록버스터들의 진화

주인을 골탕 먹이기 좋아하는 영악하고 심술 맞은 장난꾸러기 고양이 '가필드'를 아니? 주인공인 만큼 가필드는 표정이 아주 변화무쌍하지. 그런데 가필드의 이 생동감 넘치는 사실적인 표정들을 다 어떻게 만들어냈을까? 아티스트들이 일일이 그렸을까?

내가 박사 논문을 쓰면서 만든 기술은 일명 '익스프레션 클로닝 Expression Cloning'이라고 불린단다. 기존의 얼굴 데이터를 재활용하는 방식으로 하나의 얼굴 모델에서 애니메이션 데이터를 뽑아낸 다음 수학적으로 최적화된 매핑Mapping-데이터를 한 모델에서 다른 모델로 이동하여 적용하는 것을 통해 생김새나 형태가 다른 다양한 얼굴들로 표정이 자동으로 복제되도록 하는 것이야. 쉽게 말하자면, 서로 다르게 생긴 얼굴들 간에 표정이 자연스럽게 전이가 될 수 있도록 만든 거지. 가필드의 얼굴 표정들을 자연스럽게 구현하기 위해 블렌드 셰이프Blend Shape를 사용했는데 이와 유사한 방식을 응용한 것이란다.

영화의 특수효과 장면들은 매번 새롭고 신선한 것들이 나오잖아요. 그럼 계속해서 새로운 기술들을 개발해내야 하는 건가요? 그건 어떻게 하는 거예요?

할리우드에서 회사를 다니면서 개발했던 기술 중에 지형자동생성기술이라는 게 있어. 그때가 영화 〈나니아 연대기〉를 만들 때였지. 블록버스터 영화다 보니 대규모 전투 장면이 영화 곳곳에 등장하는데, 상상의 세계 속에서 펼쳐지는 것들이었어. 일단 뉴질랜드에서 배경으로 쓰일 지형을 항공 촬영을 하고, 그 위에 수천 개에 달하는 각종 상상 속의 캐릭터들이 두 편으로 나뉘어서 치열한 전투를 벌이는 모습을 컴퓨터 그래픽으로 만들어내야 했단다. 이 부분이 가장 어려운 작업이었지.

실제 배경 영상은 2D 이미지인데 컴퓨터 그래픽으로 만든 캐릭터들은 모두 3D로 모델링이 되어 있어서 3차원의 정보를 바탕으로 움직이잖니. 그러니까 완성된 장면에서 캐릭터가 배경 속에 자연스럽게 녹아든 모습을 보여주려면 3D 캐릭터와 2D 배경을 자연스럽게 합성해야 하는데 서로 차원이 달라서 한 치의 오차도 없이 합성을 한다는 건 불가능한 일이었어. 위치를 까딱 잘못 잡으면 3D 캐릭터의 발이 2D 이미지인 땅 속에 파묻힌 것처럼 보일 수도 있고, 3D 캐릭터가 앞으로 돌진하다가 바위를 그대로 뚫고 지나가는 코미디가 연출될 수도 있었거든. 등장하는 캐릭터들이 셀 수도 없이 많아서 일일이 훑어보는 것이 불가능하다지만 이렇게 눈에 잘 띄지 않을 것 같은 오차들이 전체적인 사실감을 떨어트리는 요소가 되는 거야.

이 문제를 해결하기 위해 디지털 아티스트들은 촬영된 2D 배경에 맞춰 3차원 지형을 일일이 손으로 그려야만 했어. 지형을 3차원으로 만들어야 3차원 캐릭터와 자연스럽게 합성이 될 수 있으니까. 그런데 3초에서 5초쯤 되는 분량의 배경 이미지 컷 하나를 3차원 지형으로 바꾸려면 아무리 숙련된 아티스트라도 여덟 시간이 꼬박 걸리는 거야. 두 시간 분량의 영화에 들어가는 배경 지형의 수가 얼마나 많겠니? 그걸 생각하면 정말 엄청난 비용과 시간이 들어가는 수작업인 거지. 이렇게 난감한 상황 속에 놓이는 건 할리우드의 기술 개발자들에게 스릴 넘치는 도전이란다. 이제 수수께끼가 던져졌으니 무슨 수를 써서라도 답을 찾아내야 하지 않겠니? 그래서 우리는 뉴럴 네트워크*, 주성분 분석*, 가우시안 혼합모델* 등 대학교에서 배우게 되는 수학적 개념들을 이용해서 답을 찾아냈단다. 요새 인공지능에 대한 관심이 높아지면서 '딥러닝*'이라는 말을 많이 들어봤을 거야. 뉴럴 네트워크를 활용하는 것도 결국은 러닝을 통해 문제를 푼다는 의미란다. 주어진 데이터를 바탕으로 학습을 해서 데이터가 없는 곳에서도 2D 배경에 맞는 가장 적절한 3차원 정보를 계산해내는 거지.

지형자동생성기술 덕분에 아티스트들의 생산성은 수백 배로 향상되었어. 과거에는 하루 종일 걸리던 3차원 지형 생성 작업이 버튼 하나만 누르면 10분도 채 걸리지 않아서 자동으로 완성될 수 있으

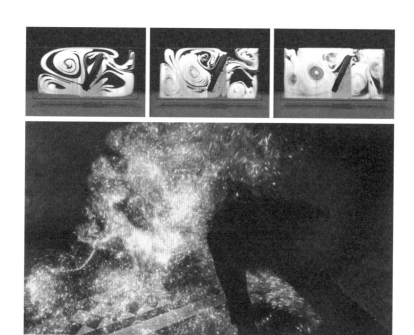

니까. 이 기술은 지금까지도 할리우드 블록버스터 영화들을 만드는 데 활용되고 있단다.

그러면 화산이 폭발하거나, 바다에 엄청난 폭풍우가 몰아치거나, 건물이 무너지거나 하는 장면들은 어떻게 만드는 거예요? 직접 촬영하는 건 아니잖아요?

음, 그런 것들은 지난번에 제훈이한테 잠깐 설명을 한 적이 있다만, 공기나 물을 포함하는 액체, 또는 불과 화염의 움직임 같은 경우에는 유체 시뮬레이션* 기술이라는 걸 사용한단다. 유체의 움직임을 컴퓨터로 재현해내는 것이지. 화산이 폭발하거나 폭풍우가 치는 장면 같은 것들은 촬영하기에는 너무 위험하고, 실제로 어찌어찌 운이 좋아 촬영을 했다고 해도 감독이 원하는 정확한 장면을 확보하기가 쉽지 않거든. 재난 영화 같은 경우에 전문가의 도움을 받아서 비교적 안전하게 통제가 가능한 환경을 만들어서 실제와 유사하게 촬영을 하기도 했지만 요즘은 디지털 기술이 발전하면서 점차 컴퓨터 시뮬레이션을 활용하는 추세란다.

유체 시뮬레이션 기술의 핵심은 압축되거나 팽창되지 않은 유체가 중력이나 바람 등 외부에서 가해지는 힘에 의해서 어떻게 움직이느냐를 표현하는 거지. 그 기본이 되는 나비에스토크 방정식*은 기계공학을 전공한 사람이라면 누구나 알 만큼 기초적인 수식이야. 원래는 딱 두 줄인데 여기에다가 여러 가지 수학적인 기법을 가미하고, 사용자가 편하게 쓸 수 있도록 유저 인터페이스를 더하니까 수만 줄에 달하는 방대한 크기의 프로그램이 되더구나.

그 후에 이 시뮬레이터를 사용해서 각종 영화에 등장하는 장면을 척척 만들어낼 수 있게 되었지. 그리고 아티스트가 조금이라도 더 편리하게 사용할 수 있도록 지속적으로 프로그램을 업그레이드시켜주었어. 예를 들어서, 하나의 장면을 사실적으로 시뮬레이션을 하려면 고해상도로 만들어야 하는데 이미지 하나를 계산하는 데만 몇 분이 걸렸거든. 1초 분량의 장면을 위해서는 24개의 프레임을 시뮬레이션 해야 해. 그런데 만족스러운 결과가 나올 때까지 계속해서 반복을 해야 하기 때문에 이런 작업 속도는 결국 생산성과 직결되는 문제가 아닐 수 없었어. 그래서 속도를 높이기 위한 새로운 계산 방식을 연구하기 시작했지. 그래서 나비에스토크 방정식의 답을 찾는 좀 더 진보된 방식을 알아내는데 성공했단다. 그 결과 시뮬레이션의 품질은 유지하면서 계산 속도는 수십 배까지 올릴 수 있게 됐어. 이 기술은 나중에 〈황금나침반〉이라는 영화에 사용되었고, 그해 아카데미 어워드 기술상을 받기도 했지.

기술 개발자들이 프로그램을 만들고 아티스트들이 그것을 사용하다 보면 어떤 장면을 표현해낼 때 불편한 점이나 부족한 점이 생기기 마련이야. 아니면 이런 점들을 좀 더 발전된 방향으로 개선했으면 좋겠다는 의견이 생기기도 하지. 그러면 기술 개발자들이 그런 부분을 추가해서 보완을 하는 거야. 그리고 때로는 아티스트들이 머릿속에 떠오른 아이디어를 구현하기 위해 전혀 새로운 기능의 소프트웨어를 요구할 때도 있어. 그래서 특수효과를 위한 소프트웨어들이 지속적으로 자동화되고 고성능화되는 거란다.

지형자동생성기술도 그렇고, 유체 시뮬레이션도 그렇고, 이런 것들이 쓰인 곳이 극장의 큰 스크린 전체를 놓고 보면 눈에 잘 안 띄는 작은 부분일 수도 있잖아요. 그런데 왜 그렇게 열심히 매달리는 거예요?

할리우드 시각 특수효과 전문회사에서 일하는 사람들은 어느 곳을 막론하고 꼭대기부터 맨 밑의 말단 직원까지 한 가지 공통점이 있단다. 그건 우리 손으로 만들어내는 것이 할리우드에서 최고여야 한다는 것이었어. 한 번은 〈수퍼맨 리턴즈〉라는 대작을 만들 때였는데, 바다에 떠 있는 소형 호화 요트가 폭풍우를 만나는 장면이 있었어. 그런데 요트의 뒤쪽 갑판에 수영장이 있었던 거야. 폭풍우가 쳐서 배가 막 요동을 치는데 수영장 물이 같이 출렁거리는 건 당연한 거잖니?

그런데 극장 전체 스크린에서 보는 그 장면을 한 번 상상해보렴. 폭풍우가 치는 망망대해 위에서 가랑잎처럼 흔들리는 요트 갑판 위의 수영장이 얼마나 크게 보일까? 관객들 중에 그 손바닥만 한 수영장을 집중해서 볼 사람이 몇 명이나 될까? 눈만 한 번 깜빡거려도 아예 못 보고 지나칠지도 모르는 그 몇 초짜리 장면을 위해 우리는 값비싼 3D 시뮬레이션을 하기로 결정을 했단다. 어찌 보면 아주 사소한 부분일 수 있지만 시각적 효과의 완성도를 위해 높은 비용을 감수하며 작업을 진행하는 것이지. 수영장 물의 파란 색감만 적당히 실감나게 잡아줘도 은근슬쩍 넘어갈 수 있었겠지만 굳이 그 수영장의 출렁이는 물이 실제처럼 보일 때까지 시뮬레이션을 몇 번을 반복했는지 몰라. 수천만의 관객들 중 단 한 사람이라도 그 수영장을 눈여겨볼 누군가를 위한 노력이었지. 그리고 설령 정말 단 한 사람도 못보고 지나간다고 해도 최대한 완벽한 장면을 만들기 위해 끝까지 노력했다는 자기 만족은 남는 거니까.

고양이 가필드처럼 뚱뚱한 고양이가 이리저리 걸어 다닐 때에는 뒤뚱거리는 걸음걸이뿐만 아니라 같이 출렁출렁 움직이는 뱃살까지 신경을 쓰면서 만들어야 했어. 가필드가 걷다가 무언가를 깨닫고 깜짝 놀라면서 멈추는 장면이 있었는데 이때 가필드의 동작의 변화에 맞춰서 자연스럽게 뱃살이 출렁거리게 하려고 얼마나 많은 노력을 했는지 몰라. 관객들 중에 가필드의 배에 신경을 쓴 사람이 몇이나 되는지는 몰라도 할리우드에서는 모든 장면 하나하나에 심혈을 기울여서 완성도를 높인단다.

시간이 흐를수록 관객들이 원하는 수준은 점점 높아지지. 그 눈높이를 맞추면서 새로운 볼거리를 제공하기 위해서는 전에 보지 못했던 신선한 장면들을 만들어내야만 해. 그래서 사람들이 계속해서 고민하고 지속적으로 특수효과 기술을 개발해낼 수밖에 없는 거야.

그때 재우가 가방에서 프린트 물을 꺼내어 강 교수에게 불쑥 내밀었다.

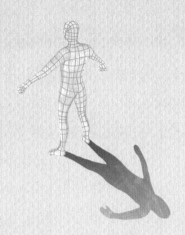

"고양이 가필드처럼 뚱뚱한 고양이가

이리저리 걸어 다닐 때에는 뒤뚱거리는 걸음걸이뿐만 아니라

같이 출렁출렁 움직이는 뱃살까지 신경을 쓰면서 만들어야 했어.

가필드가 걷다가 무언가를 깨닫고

깜짝 놀라면서 멈추는 장면이 있었는데,

이때 가필드의 동작의 변화에 맞춰서

자연스럽게 뱃살이 출렁거리게 하려고

얼마나 많은 노력을 했는지 몰라.

관객들 중에 가필드의 배에 신경을 쓴 사람이

몇이나 되는지는 몰라도

할리우드에서는 모든 장면 하나하나에

심혈을 기울여서 완성도를 높인단다."

"교수님, 이것 좀 봐주세요."

"이게 뭐니?"

"저희가 이번에 영화제에 출품하려고 준비 중인 작품이에요. 저기 여자 친구가 소현인데요, 쟤가 쓴 거예요. 우리 동아리에서 글을 제일 잘 써요. 잘 만들면 재미있을 것 같은데 어떻게 하면 될지 감이 잘 안와요. 교수님이 한 번 봐주실 수 있나요?"

"흐음, 단편 영화제 같은 데에 내려는 건가 보구나. 그럼 어떤 이야긴지 한 번 볼까?"

강 교수는 프린트물을 한 줄 한 줄 읽어 내려갔다. 재우를 비롯해서 아이들 모두 긴장한 표정으로 강 교수의 얼굴만 쳐다보고 있었다. 이윽고 강 교수가 종이를 내려놓으며 "재밌네!"라고 하자 재우와 소현의 얼굴에 함박미소가 번졌다. 그러나 재우가 곧이어 근심 섞인 목소리로 물었다.

"그런데 주인공 중 하나가 로봇이잖아요. 그런데 그냥 실사 촬영 장면에 이펙트를 주는 것도 아니고, 단순합성도 아니고, 아예 캐릭터 하나를 만들어내야 하는데 애들 장난처럼 보이지 않고 진짜처럼 보이게 할 수 있는 방법이 뭐가 있을까요? 우리 이번에 진짜 잘해야 해요. 3학년 선배들이 작년에 이 영화제에서 꽤 괜찮은 상을 받았거든요. 그 선배들이 1학년 때부터 잘한다는 소리를 듣기는 했지만요. 그런데 창피한 얘기지만 저희는 아직까지 한 번도 어디 나가서 상을 받은 적이 없어요. 어차피 3학년 올라가면 공부하느라 시간이 없어서 동아리 활동을 제대로 못해요. 이제 남은 시간이 별로 없다고요. 전 이렇게 빈손으로 졸업하기 싫어요."

쉬지도 않고 말을 이어가면서 재우의 표정이 점점 울상으로 변해갔다. 이것이 신성사 짱의 철벽 같은 자존심과 자부심 너머에 있던 진짜 속마음이었던 것일까. 제훈은 그간 그토록 마음고생을 했던 게 억울할 지경이었다.

"그래…… 이 정도면 시간은 좀 걸리겠지만 불가능한 건 아니야. 컴퓨터 그래픽 프로그램을 잘 쓰면 되니까."

강 교수가 달래듯 말했다.

"내가 도와줄게. 내가 할 수 있어."

제훈이 앞으로 나서며 말했다. 그러자 재우가 제훈을 돌아보며 얼굴을 찡그렸다.

"야, 넌 그림을 못 그리잖아. 이게 땅이 갈라지고 벽에 금가고, 이런 수준인 줄 알아? 영화 캐릭터 하나를 살아서 움직이게 만들어야 하는 일이라고."

또 시작이었다. 서로를 못마땅한 듯 노려보고 있는 제훈과 재우를 번갈아 쳐다보며 강 교수는 난처한 듯 웃었다.

"얘들아, 지금 서로 싸울 때가 아니지 않니? 내가 보기에는 딱 너희 둘이 한팀이 되면 해낼 수 있을 것 같은데 말이야. 재우 넌 그림

에 재능이 있다고 들은 것 같고 제훈이는 컴퓨터를 잘 다루니까 금
상첨화네. 둘이 한 번 힘을 합쳐보는 게 어때? 제재 브라더스!"

제훈과 재우는 동시에 강 교수 쪽으로 시선을 돌렸다. 제재 브라
더스라니.

"저희 둘이서요? 하하, 교수님도 참⋯⋯ 애는 예술 쪽에 재능이 없
어요. 그런데 어떻게 이걸 맡겨요. 이게 얼마나 중요한 부분인데요."

재우가 답답하다는 듯 말했다.

"그러니까 너희들 둘이 함께라야 할 수 있다는 거지. 원래 영화의
비주얼 이펙트라는 분야가 재능 있는 아티스트들끼리 뚝딱뚝딱 만
들어낼 수 있는 게 아니야. 쉽게 말하자면, 기술적인 면에 강점을 가
진 소프트웨어 엔지니어나 테크니컬 디렉터(영상이나 특수효과, 애니
메이션에서 기술적인 부분을 담당하는 사람. 기술적 이해와 더불어 문제
해결 능력, 예술적 감각이 두루 필요하다)와 예술적인 면에 강점을 가
진 디지털 아티스트들이 각자의 맡은 부분을 잘해내야 훌륭한 결과
가 나오는 거란다."

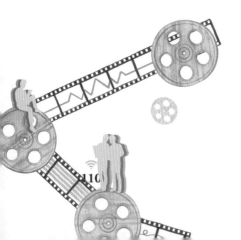

"디지털 아티스트와 기술 개발자는
마치 바늘과 실처럼 붙어 다니는 존재야.
디지털 아티스트가 예술적 감성과 창의력을 동원해서
캐릭터를 구상하고 드로잉을 하고 장면을 설계한다면,
기술 개발자는 과학적 지식을 바탕으로 필요한 프로그램들을
새로 개발하는 능력을 총동원해서
그것이 실제처럼 구현되도록 만들어내야 해.

이 과정에서 두 사람이 원활한 의사소통으로
한마음이 되어 일을 하지 못한다면
완성된 최종 결과물이 결코 완벽할 수 없겠지.

컴퓨터 그래픽이 과학과 예술의 융합이라고 하지만
진정한 융합은 서로가 녹아들어
하나로 합쳐지는 것을 의미한단다."

예술과 수학이 한마음이 될 때

컴퓨터 그래픽이나 비주얼 이펙트를 위해 사용하는 컴퓨터용 프로그램에는 마야 외에도 모델링에 많이 활용되는 라이노Rhino, 이펙트 작업에 많이 활용되는 후디니Houdini, 합성에 많이 활용되는 누크Nuke, 그밖에 시네마4D 등 아주 다양한 종류가 있어. 보통 영화가 제작에 들어가면 일단 시나리오를 검토하고 난 다음에 촬영 준비를 하고, 실제로 촬영을 하고, 마지막으로 그 촬영된 필름에 컴퓨터 그래픽이나 비주얼 이펙트 등을 추가로 집어넣는 후반 작업을 하게 되지. 그런데 영화에서 비주얼 이펙트가 차지하는 비중이 점점 늘어나기 시작하면서 요즘은 시나리오를 검토하는 단계에서부터 어떤 비주얼 이펙트를 어떻게 쓸 것인지를 미리 같이 고민하고 의논을 한단다.

너희들이 준비하고 있는 영화처럼 짧은 것의 경우에는 후반 작업을 한두 명이 할 수 있지만 할리우드 블록버스터 같은 영화는 어림도 없어. 그래서 보통 수많은 인원들이 파트별로 배정이 되고, 서로 작업한 파일들을 서버에 올려놓고 공유를 하면서 여러 명이 동시에 작업을 하는 거지. 이렇게 팀 단위로 분업화해서 일을 하기 때문에 한 사람이 아프더라도 일이 늦어지거나 중단되는 일이 생기지 않는 거야.

디지털 아티스트와 기술 개발자는 마치 바늘과 실처럼 붙어 다니는 존재야. 디지털 아티스트가 예술적 감성과 창의력을 동원해서 캐릭터를 구상하고 드로잉을 하고 장면을 설계한다면, 기술 개발자는 과학적 지식을 바탕으로 필요한 프로그램들을 새로 개발하는 능력을 총동원해서 그것이 실제처럼 구현되도록 만들어내게 되는데 이 과정에서 이 두 사람이 원활한 의사소통으로 한마음이 되어 일을 하지 못한다면 완성된 최종 결과물이 결코 완벽할 수 없겠지. 그리고 이 두 사람이 각자 자신의 일만 하면서 서로의 영역에 대해서 전혀 이해하지 못해도 문제가 생길 수 있단다.

　컴퓨터 그래픽이 과학과 예술의 융합이라고 하지만 진정한 융합은 서로가 녹아들어 하나로 합쳐지는 것을 의미한단다. 예를 들어서 바다에 폭풍우가 치는 장면이 필요하다고 치자. 그거 하나 찍겠다고 폭풍우가 올 때까지 무작정 기다릴 수도 없고, 그렇다고 직접 폭풍우를 뚫고 촬영을 하기도 위험하니까 이펙트 부서에서 이 장면을 만들어내야 하겠지. 그러면 디지털 아티스트들이 개발자들이 만든 소프트웨어를 써서 폭풍우가 치는 바다의 모습을 일일이 다 시뮬레이션을 할 거야. 그런데 이걸 잘 활용하려면 중력은 이만한 힘으로 이렇게 작용하고, 바람은 이 방향으로 불고, 그러면 배는 이 방향으로 움직이고, 폭풍에 의한 외력은 얼마만한 힘으로 어떻게 작용하고, 하는 것들을 일일이 다 지정을 해줘야만 해. 때로는 유체점

성은 이렇고, 물이면 점성을 0으로 놓고 용암일 때는 점성을 좀 높여서 지정하고, 하는 식으로 표면 장력까지 정해줘야 할 때도 있지. 결국 뛰어난 예술적 감각을 발휘해서 일해야 하는 아티스트들이라고 해도 유체 시뮬레이션*의 기반이 되는 나비에스토크 방정식을 이해하지 않고서는 효율적인 시뮬레이션을 할 수 없다는 얘기야. 일을 잘하려면 과학적 기술적 지식이 필요한 거지.

그 반대의 경우도 마찬가지야. 개발자라고 해서 예술적 감각과 담을 쌓고 지내서는 안 된단다. 우선 무엇보다 아티스트들이 만들고 싶어 하는 장면을 설명하거나 그런 장면을 구현하기 위해 필요한 기술에 대해 설명을 할 때 그것을 이해하고 같이 의논할 수 있으려면 예술적 감각이 필요해.

그리고 개발자가 애써 개발한 소프트웨어가 유능한 아티스트들에게 선택을 받기 위해서는 일단 멋진 데모부터 만들어야 하거든. 보통 경력 있는 디지털 아티스트들은 오랜 세월 구축해온 자신만의 작업 방식이 있기 때문에 골치 아프게 새로운 기술을 배우고 싶어 하지 않아. 그런 사람들을 움직이는 방법은 눈이 튀어나올 정도로 멋진 데모를 보여주는 것뿐이야. '우와, 이렇게 멋진 장면을 어떻게 만들어냈지? 신기하다!', '이걸 어떻게 이렇게 빨리 만들어낼 수 있지?' 같은 반응들이 나오면 자연스럽게 새로운 기술이 궁금해서 달려들게 되어 있어. 구슬도 꿰어야 보배라는 말이 있지 않니? 아무리

깜짝 놀랄 만한 기술을 개발했더라도 아티스트들이 써주지 않으면 무용지물인 거야. 무능력한 개발자로 전락하지 않으려면 어느 정도 아트 감각을 갖추고 있어야 하는 이유지.

할리우드의 특수효과 분야에서 '테크니컬 디렉터'라고 불리는 사람들은 사실 알고 보면 아티스트들이면서도 기술 분야에서도 최고 수준의 기량을 가진 사람들이야. 보통 한국에서는 '기술 감독'이라는 직함으로 불리기 때문에 흔히 '기술자'라고 생각하는 경향이 있는데 아티스트로서의 감각도 우수하지.

드림웍스사의 이펙트 아티스트들은 유체와 관련된 장면을 제작하다가 소프트웨어가 불편하다 싶으면 직접 새로운 틀을 개발해서 남은 작업을 진행하기도 해. 캐릭터의 매끄러운 움직임을 위해 뼈대나 근육, 피부 변형 방식 등을 지정해주는 리거들도 작업을 하다가 더 좋은 방식이 생각나면 스스로 기술 개발을 해서 작업의 효율을 높이곤 하지. 아트 작업과 기술 개발의 경계가 따로 없다는 얘기야. 할리우드에서 승승장구하는 사람들을 보면 아트 작업과 기술 개발의 양쪽 분야를 모두 충분히 이해하고 어느 정도 수준의 작업은 혼자서도 노련하게 진행할 수 있는 사람들이란다. 다시 말해서 기술 개발자들은 예술적 감각을 기반으로 기술을 설계하고, 아티스트들은 공학적 지식을 기반으로 예술적 감각을 발휘해야 하는 거지.

지금 너희들이 준비하고 있는 이 영화를 성공적으로 만들기 위

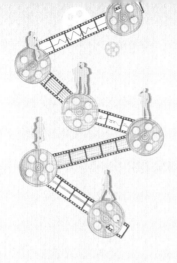

"나는 앞으로 미대를 갈 거니까
수학공부를 할 필요는 없는 걸까?

나는 공대를 가는 것이 목표니까
미술시간이나 전시회는 완전히 관심 밖이어야 하는 걸까?
문과와 이과, 예체능, 이렇게 나누는 건
산업사회에 필요한 부품형 인간을 만들기 위한 교육적 편의를 위해
구분된 인위적인 잣대일 뿐이란다.
컴퓨터 프로그래밍을 하는 것은
컴퓨터 언어를 다룬다는 측면에서
인문학과 가깝다고 볼 수도 있어.

논리적이고 깔끔하게 글을 쓸 줄 아는 사람들이
논리적이고 간결한 프로그래밍을 할 수 있다고 생각해."

해서는 누가 얼마나 뛰어난 예술적 재능을 가지고 있느냐가 중요한 것이 아니야. 서로 잘하는 일을 하면서 서로의 부족한 점을 채워주되 얼마나 열린 마음으로 하나가 되느냐가 제일 필요한 거지.

아트를 전공한 사람이 기술 개발을 하고, 수학을 전공한 사람이 아트를 해야 한다니. 엄연히 서로 분야가 다른데 어떻게 그럴 수가 있죠?

그게 왜 불가능할까? 인간의 능력이 그렇게 자로 재듯이 이쪽, 아니면 저쪽, 이렇게 나눌 수 있는 걸까? 심리학에 관심이 있는 사람은 컴퓨터에 관심이 없을 것이고 수학을 잘 못할 것이라는 생각의 근거는 무엇일까? 과학적 재능이 뛰어난 사람이라면 순수예술 쪽으로는 감각이 부족할 것이라고 짐작하는 이유는 뭘까?

20세기를 대표하는 네델란드 판화가이자 그래픽 디자이너였던 마우리츠 코르넬리스 에셔Maurits Cornelis Esher, 1898-1972는 마치 텍스타일 디자인처럼 반복되는 패턴과 기하학적 문양의 작품으로 유명하지. 그는 수학적으로 철저히 계산된 선을 사용해서 동일한 모양이 포개지거나 사이가 벌어지지 않고 공간 전체를 완벽하게 뒤덮는 아주 독창적인 그림을 그렸지만 당대에는 큰 주목을 받지 못했어. 그런데 에셔의 그림에 처음 주목하기 시작한 것은 바로 수학자와 과학자들이었단다. 그리고 그의 작품들은 현대 화가와 디지털 아티스트들에게 큰 영감을 주고 있지.

나는 앞으로 미대를 갈 거니까 수학공부를 할 필요는 없는 걸까? 나는 공대를 가는 것이 목표니까 미술 시간이나 전시회는 완전히 관심 밖이어야 하는 걸까? 문과와 이과, 예체능, 이렇게 나누는 건 산업사회에 필요한 부품형 인간을 만들기 위한 교육적 편의를 위해 구분된 인위적인 잣대일 뿐이란다.

사실 컴퓨터 프로그래밍을 하는 능력이라는 건 결국 컴퓨터에 통하는 컴퓨터 언어를 다루는 능력이 아니겠니? 컴퓨터 언어라고 해서 다른 언어와 차별화되어야 할 이유는 없지 않을까? 그러니 다른 언어들과 마찬가지로 그 언어가 가지는 고유의 문법을 배우고 그 문법에 맞는 작문을 해나가면 되는 거야.

언어를 다룬다는 측면에서 인문학과 가깝다고 볼 수도 있겠지. 논리적이고 깔끔하게 글을 쓸 줄 아는 사람이 논리적이고 간결한 프로그래밍을 할 수 있다고 생각해. 반대로 프로그래밍 실력이 형편없는 사람은 십중팔구 문법에 맞지 않는 표현을 하거나, 맞춤법이 틀리거나, 중언부언하거나, 명확한 초점 없이 엉뚱한 얘기들만 늘어놓으면서 글쓰기도 엉망인 경우가 많지.

미국의 명문 스탠포드 대학교의 입학원서에는 사용할 줄 아는 언어의 수와 종류를 표시하도록 되어 있는데 그중에는 컴퓨터 언어도 포함이 되어 있단다. 실제로 내가 졸업한 서던 캘리포니아 대학교USC에서는 전산학이 인문학부 소속이야. 공대로 유명한 매사추세츠 공과대학MIT은 세계적인 공학자들을 배출해낸 명문대학이지. 그런데 사실은 미국 최고의 언어학과를 자랑하는 곳이기도 해. MIT의 석좌교수이기도 한 저명한 언어학자인 노암 촘스키Noam Chomsky는 변형생성 문법이라는 것을 창시한 사람인데, 인간은 한정적인 언어의 규칙을 가지고 실제 사용되고 있는 언어가 아니더라도 무한한 문장을 만들어낼 수 있다는 것을 수학적으로 정식화하는 것을 목표로 했지. 언어학의 이론이지만 굉장히 난해하고 굉장히 수학적이란다. MIT에서 언어학과 학생들이 수학 수업을 듣는 이유이기도 하지.

내가 맡고 있는 비주얼미디어랩은 카이스트 문화기술대학원 소속인데 종종 문과 출신 학생들이 입학을 하기도 해. 그런데 자기가 문과 출신이라는 이유로 컴퓨터 프로그래밍을 두려워하고 미리 겁부터 집어먹는 경우가 많아서 안타까울 때가 있어. 그럴 필요가 전혀 없는데 말이야.

옛날에는 '팔방미인이 밥을 굶는다.'라는 말이 있었지. 재주가 하나밖에 없는 사람은 그 재주 말고는 가진 것이 없기에 한 우물만 파서 성공하는 반면, 다방면에 재주를 가진 사람은 재주가 많은 탓에 어느 하나도 우직하게 끝까지 밀어붙이지 못하고 이것 조금, 저것 조금, 이렇게 하다가 아무것도 제대로 하지 못하고 끝나기 쉽다는 의미였어. 그런데 미래사회가 필요로 하는 인재는 바로 이런 '팔방미인'들이야. 그렇다고 모든 분야에 재능을 가진 만능이 되어야 한다는 말은 아니란다. 다만 주위에서 넌 이런 걸 잘하니까 이런 사람이 되어야 해, 라거나 너는 이런 재주가 있으니까 이런 사람이 되어야 해, 라고 하는 말에 얽매여서 스스로를 어느 한 우물에 가두지 말라는 뜻이지. 수학은 답이 하나지만 그 답을 찾는 과정에서 온갖 가능성을 열어두고 창의력을 발휘해야 하고, 예술은 정해진 답이 없지만 현실 세계 속에서 나만의 답을 구현해가는 과정에서 수학의 도움이 필요해. 그러니 앞으로 너희들이 주인공이 되어서 만들어갈 미래에 가장 필요한 사람이 되려면 무엇 하나를 아주 특출하게 잘하는 사람보다 다양한 영역을 넘나들며 관심을 가질 줄 아는 열린 머리와 가슴을 가진 사람이 되어야겠지.

강 교수의 설명을 찬찬히 듣고 있던 제훈과 재우가 이번에는 아까와는 전혀 다른 표정으로 서로를 물끄러미 쳐다보았다.

"그러니까 한마디로 말해서 저는 그림을 그리고, 얘는 컴퓨터 프로그램으로 그걸 움직이게 만들면 되는데, 로봇이 어떤 식으로 움직이고 어떤 표정을 지을지는 둘이서 의논해가며 정해야 한다, 이 말씀이신 거잖아요?"

재우가 말했다.

"그렇지! 바로 그거지. 와, 정말 찰떡같이 알아들었네. 어때, 할 수 있겠지, 제재 브라더스?"

제훈과 재우가 대답을 망설이는 사이 강 교수는 다른 아이들을 쳐다보며 말했다.

"여기 다들 영화라면 자다가도 벌떡 일어나는, 아니지 잠은 못 자도 보고 싶은 영화는 꼭 봐야 되는 사람들끼리 모였으니까 기념으로 이번 일요일에 다 같이 영화라도 보러 갈까?"

영화, 라는 말을 듣는 순간 아이들의 얼굴이 환해졌다.

"네! 좋아요!"

"아이고, 녀석들. 대답 한 번 빨라서 좋구나."

"수학은 답이 하나지만
그 답을 찾는 과정에서 온갖 가능성을 열어두고
창의력을 발휘해야 하고,
예술은 정해진 답이 없지만 현실 세계 속에서
나만의 답을 구현해가는 과정에서 수학의 도움이 필요해.

그러니 너희들이 주인공이 되어서
만들어갈 미래에 가장 필요한 사람이 되려면
무엇 하나를 아주 특출하게 잘하는 사람보다
다양한 영역을 넘나들며 관심을 가질 줄 아는
열린 머리와 가슴을 가진 사람이 되어야겠지."

- **뉴럴 네트워크**Neural Network 무언가를 보고, 인식하고, 행동을 취하는 인간의 뇌기능을 모방한 것으로 컴퓨터가 제어대상과 관련된 요인들을 설정하고 이들의 결합을 계산하는 과정에 학습기능을 적용하여 최적화된 제어치를 뽑아낼 수 있도록 한다.
- **주성분 분석**Principal Component Analysis 차원의 공간의 축을 회전시켜 변수들의 분산을 가장 잘 반영한 소수의 새로운 축을 찾아내어 변수와 차원을 축약하는 기술. 즉, 고차원의 데이터를 저차원의 데이터로 환원시키는 것이다.
- **가우시안 혼합모델**Gaussian Mixture Model 주어진 표본 데이터 집합의 분포밀도를 단 하나의 확률밀도함수로 모델링하는 방법을 개선하여 복수의 가우시안 확률밀도함수로 데이터의 분포를 모델링하는 방법.
- **딥러닝**Deep Learning 컴퓨터가 사람처럼 생각하고 배울 수 있도록 하는 기술. 인간의 두뇌가 수많은 데이터들을 분류해서 패턴을 발견하는 정보처리 방식을 모방하여 컴퓨터가 스스로 학습할 수 있도록 한 것이다. 이 딥러닝 기술을 적용하면 사람이 판단 기준을 정해주지 않아도 컴퓨터가 스스로 인지와 판단 및 추론을 할 수 있게 된다.
- **나비에스토크 방정식**Navier-Stokes' Equation 점성을 가진 유체에 작용하는 힘과 운동량의 변화를 기술하는 일반적인 운동방정식. 이 방정식을 이용하면 점성이 전혀 없는 완전유체(물, 공기, 가스 등)부터 바닷물, 혈액의 흐름 등 점성을 가진 유체까지 그 흐름을 예측해낼 수 있다.

• **유체 시뮬레이션**^{Fluid Simulation} 컴퓨터 그래픽을 활용하여 물, 거품, 구름, 연기, 불 등, 그 표면이 자유롭게 움직이는 유체의 움직임을 만들어내는 기술. 자연 현상을 표현할 때 흔히 등장하는 유체는 그 특성상 움직임을 수작업으로 예측하고 만들어내기가 매우 어렵다. 따라서 개발자가 물리적 법칙에 기반하여 유체가 흘러갈 환경과 초기의 유체 위치 등을 설정하면 이후의 유체의 움직임은 매 프레임마다 수행되는 계산에 의해 자동적으로 얻어진다. 때에 따라서는 컵에 물을 따르는 장면처럼 상당히 단순한 장면에서부터 홍수가 덮친 도시, 폭풍우 치는 바다 등의 장면을 만드는 데에도 유체 시뮬레이션 기법이 사용된다.

5장

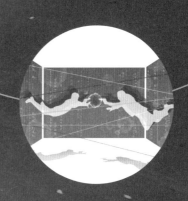

새로운 것에 대한 도전

일요일 아침. 강 교수와 아이들은 누구 하나 지각한 사람 없이 약
속 시간에 어김없이 극장에 도착해서 매표소 앞에 섰다. 무슨 영화
를 볼 거냐고 물었지만 강 교수는 가르쳐주지도 않았다.

　강 교수가 표를 사러 간 사이, 아이들은 매표소 옆으로 나란히 걸
린 영화 포스터들을 흥미롭게 쳐다보고 있었다. 새로운 영화는 수
도 없이 쏟아져 나오지만 중학생이 볼 만한 영화가 그렇게 많지는
않았다. 그래도 특수효과 전문가인 교수님이 고르시는 영화라면 뭔
가 '스펙터클'하고 '판타스틱'하며 '어메이징'한 장면들이 나오는 게
아닐까, 다들 기대감으로 가슴이 두근두근하는 눈치였다.

　다시 나타난 강 교수가 아이들을 데리고 상영관 쪽으로 걸어갔
다. 입구에서 특수 안경을 나눠주지 않는 걸로 봐서 3D 영화는 아
니고, 좌석번호를 찾아서 제자리에 앉았지만 의자가 평범한 걸로

봐서 4DX 같은 특수 상영관도 아니었다.

"교수님, 우리 무슨 영화 봐요?"

궁금증을 참지 못하고 제훈이 먼저 물었다.

"너희들 원탁의 기사 아서왕 이야기 알지? 왜 그 바위에 꽂힌 '엑스칼리버'라는 성스러운 칼을 뽑아서 왕이 된…… 그 아서왕이 주인공인 〈킹 아서〉라는 영화야."

"아, 들어본 적 있어요. 그런데 이거 재미있대요?"

"응, 재미있을 거야. 기다려봐."

제훈은 그럴 줄 알았다는 듯한 표정을 지었다. 〈킹 아서〉 같은 시대물에는 마법사나 요정, 전설의 괴물 같은 것들이 단골로 등장하는 법이다. 당연히 특수효과도 왕창 쓰였을 테니 역시 특수효과 전문가인 교수님이 고를 법한 영화이지 않은가.

"그런데 이런 영화는 3D로 봐줘야 하는 거 아닌가……."

영훈이 약간 부루퉁한 목소리로 중얼거리듯 말했다. 그런 영훈의 옆구리를 재우가 쿡 찌르며 소곤거렸다.

"야, 교수님이 보여주시는 건데 그런 소리를 하면 어떻게 해."

영훈은 아차, 싶었지만 이미 엎질러진 물이었다. 슬쩍 곁눈질로 눈치를 봤지만 강 교수는 아랑곳하지 않고 명랑한 목소리로 이야기를 시작했다.

3D 영화의 탄생과 발전

너희들, 최초의 3D 영화가 언제 만들어졌는지 아니? 놀라지 마라. 무려 1922년으로 거슬러 올라간단다. 미국에서 만든 〈사랑의 힘〉이라는 영화였는데, 안경의 오른쪽과 왼쪽에 각각 빨간색과 파란색의 필터를 단 안경을 쓰고 봐야 했지. 이렇게 컬러를 분리해서 상영하는 방식을 '애너글리프Anaglyph 방식'이라고 해.

3D 입체영화란 인간의 두 눈이 입체적으로 사물을 인식하는 원리를 모방해서 두 대의 카메라를 이용해 영화를 제작하는 기술이야. 왼쪽 눈과 오른쪽 눈이 따로 이미지를 받아들인 다음 뇌에서 최종적인 이미지를 재구성하는 것과 마찬가지로 두 개의 카메라 렌즈를 이용해서 두 개의 이미지를 촬영하는 거지. 그리고 특수 안경을 통해 관객들의 왼쪽 눈은 왼쪽 이미지를, 오른쪽 눈은 오른쪽 이미지를 보게 만들어서 최종적으로 뇌에서 그 영상을 입체적인 이미지로 인식하게끔 하는 거야. 그런데 초창기의 3D 입체영화는 지금처럼 영화 제작의 한 기술로 인식된 것이 아니라 재미있는 눈요기나 신기한 마술쇼처럼 생각했단다.

1950년대는 3D 입체영화의 황금시대라고 불릴 정도였어. 최초의 3D 장편 컬러영화인 〈부와나의 악마〉가 미국에서 개봉을 한 뒤에 큰 성공을 거두자 할리우드의 영화사들이 너도나도 3D 영화를 제작하기 시작했어. 그렇게 100편 가까이 제작이 되긴 했지만 아무래도 기술력이 떨어지다 보니 입체영상의 화질이 그렇게 좋을 수는 없었지. 그리고 특수 안경을 써야 하기 때문에 눈이나 머리가 아프다고 불평하는 관객들도 많았고 말이야. 그래서 80년대 중반에 이르기까지 대중들 사이에서 거의 잊혀지다시피 하고 말았어.

그리고 이후 2000년대 초반까지 아이맥스 스크린에 맞춘 3D 입체영화가 만들어졌어. 2004년에는 세계 최초의 아이맥스 3D 장편영화인 〈폴라 익스프레스〉가 탄생했지. 사실 이 〈폴라 익스프레스〉는 아이맥스 3D 영화라는 것 말고도 영화사적으로 큰 의미를 가진 영화야. 모션 캡처에서 한 단계 진화했다는 의미로 이름도 퍼포먼스 캡처Performance Capture로 바꾸고, 처음부터 끝까지 키 프레이밍을 전혀 사용하지 않고 캡처된 데이터만을 활용하여 애니메이션을 만든 최초의 영화였거든. 퍼포먼스 캡처 기술이란 마커들을 몸과 얼굴 구석구석에 붙인 배우들이 실제로 연기를 하고 이것을 디지털 캐릭터화한 뒤 배경 위에 합성하는 방식으로 마치 실사와 같은 섬세한 움직임에 환상적인 배경 위에 동화보다 더 동화 같은 이야기를 선보여서 화제가 됐었어. 신기술을 사용해야 했기에 시나리오부터 편집까지 끝내는데 데 무려 2년 반이나 걸렸단다. 그래도 이전에 '영화'라고 하면 으레 떠올리기 마련인 카메라 렌즈와 필름 없이 영화를 만들 수 있는 시대를 열었다는 점이 매우 중요하지.

그리고 이미 개봉했던 영화들을 3D로 바꿔서 새로 개봉하기도 했어. 이때까지 만들어졌던 3D 영화들은 2D로 영화를 제작한 뒤에 약간의 3D 입체기술을 가미하는 방식에 불과했지. 그래도 옛날 옛적 과학박물관이나 과학전람회 행사장 같은 곳에서 구경거리로 3D 입체방식으로 만든 짧은 영상을 틀어주던 것에 비하면 기술력이 많이 높아졌다고 볼 수 있겠지.

이렇게 컴퓨터 애니메이션 기술과 디지털 카메라 기술이 비약적으로 발전하면서 2009년 〈아바타〉라는 영화가 세상에 나오게 된 거야. 전 세계적으로 〈아바타〉가 세운 기록은 지금까지도 전무후무해. 전 세계 역대 흥행성적 1위, 그리고 무려 3조 원이 넘는 흥행 수익을 올렸거든. 굉장하지? 이렇게 경제적으로 엄청난 대성공을 거

두긴 했지만 이와는 별도로 〈아바타〉는 영화사에 한 획을 그은 작품이라고 할 수 있어. 어떤 영화평론가들은 〈아바타〉 이전의 영화의 영상 수준이 유치원생이라면 아바타는 초등학생이 갑자기 대학원생이 된 격이라고 표현하기도 했지. 그렇기 때문에 〈아바타〉가 3D 특수기술의 영상 혁명, 혹은 실질적인 3D 영화의 출발점이라는 평가를 받는 거야.

〈아바타〉의 흥행의 일등공신은 단연 기술력이지. 이 영화는 3D 영화의 단점으로 지적되어왔던 '언캐니 밸리*'를 극복한 최초의 사례로 꼽히고 있어. 파란색 피부와 황색 눈, 긴 꼬리를 가지고 있는 '나비족'을 사람과 같이 표현해서 관객들의 감정이입을 극대화시킨 거지. 특히 이모션 캡처* 방식을 통해서 그들의 얼굴 표정은 물론이고 눈동자의 움직임까지 정교하게 구현해낸 것이 컸어.

이모션 캡처는 영화 〈폴라 익스프레스〉의 제작에 쓰였던 퍼포먼스 캡처 기술에서 한 단계 더 나아간 것으로 배우들의 눈동자와 혀의 움직임까지 잡아낸다고 해서 제임스 카메론 감독이 '이모션 캡처'라는 이름을 붙인 것이야. 퍼포먼스 캡처에서 할리우드 기술자들을 가장 애를 먹인 것이 바로 '인간의 눈'이었어. 눈은 마음의 창이라고 하지 않니? 가장 풍부한 감정을 전달할 수 있는 도구이지만 움직임이 세밀하고 미묘해서 디지털로 표현하는 일이 여간 까다로운 게 아니었어. 눈동자에 마커를 붙일 수는 없었으니까. 그래서 이것만큼은 불가능한 일이라고 다들 고개를 내젓고 있었는데 눈꺼풀 근육에 마커를 붙여서 그 미세한 진동을 통해 안구의 움직임을 잡아내는 'EOGElectrooculogram 시스템'을 도입한 거야.

EOG는 양손을 쓸 수 없는 장애인들이 눈의 움직임으로 컴퓨터 키보드를 조작할 수 있도록 하는 기술인데 이걸 퍼포먼스 캡처에 응용한 거지. 그리고 제임스 카메론 감독은 이 퍼포먼스 캡처 기술을 보강하기 위해 극도로 섬세한 마커를 사용하고 배우들 얼굴 주변에까지 소형 카메라를 사용했어. 이때 〈아바타〉의 세트장에 사용된 카메라가 무려 190대가 넘었다고 해. 그리고 이렇게 만들어진 디지털 정보들을 지구에서 용량이 다섯 번째로 큰 컴퓨터에 바로 저장해서 이미 만들어놓은 가상의 배경과 합성해서 바로 배우들에게 보여주기까지 했다니 정말 놀라울 따름이지.

그런데 저는 〈아바타〉의 나비족이나 〈반지의 제왕〉의 골룸도 놀랍지만 우주나 다른 차원의 공간 같은 배경들도 정말 신기했어요. 그런 영화를 3D로 보면 정말로 내가 거기에 있는 것 같은 느낌이 들잖아요!

영화를 3D 입체영상으로 만든다는 것은 평평한 2차원의 공간을 3차원으로 바꾼다는 것을 의미하지. 그렇기 때문에 공간의 표현에 훨씬 많은 노력을 기울여야 한단다. 일단 배경이 실제같이 보이지 않으면 그 안에서 일어나는 일들의 사실성이 매우 떨어지겠지. 그리고 관객들에게서 우주라든가 다른 차원의 공간에서 느껴지는 감정들을 이끌어내기도 힘들고 말이야. 이것은 실사와 컴퓨터 그래픽 영상을 결합하는 영상 합성기술과 직접 촬영하지 않고 후반 작업을 통해서 3D 입체 영상을 구현하는 컨버팅 기술이 발달하면서 가능해졌지.

그러나 3D 영화에도 한계는 분명히 있어. 일단 영화 자체의 한계를 들자면, 다양한 렌즈의 사용과 카메라 간의 거리를 좁히고 넓히는 기술로 인해서 영화 안의 공간이 인간의 눈에 인지되는 실제 공간과 달리 비정상적으로 왜곡되어 보이는 것이지. 가끔 3D 입체영화를 보다 보면 피사체가 납작하게 보이거나 공간이 미니어처 모형을 보는 것처럼 축소되어 보일 때가 있는데 바로 이런 점들 때문이란다.

그리고 관객의 입장에서 일률적인 사이즈로 제작되어 얼굴에 잘 맞지 않는 특수 안경을 긴 영화 상영시간 내내 쓰고 있어야 하는 불편을 감수해야 하는 것도 3D 입체영화의 한계라고 볼 수 있지. 3D 영화가 처음 탄생할 때부터 존재했던 이 불편은 입체영화의 역사가 거의 100년에 이르고 있는 지금도 계속되고 있어. 그래도 기술의 진보는 오늘도 계속되고 있으니 3D 입체영화에서도 새로운 개선 방

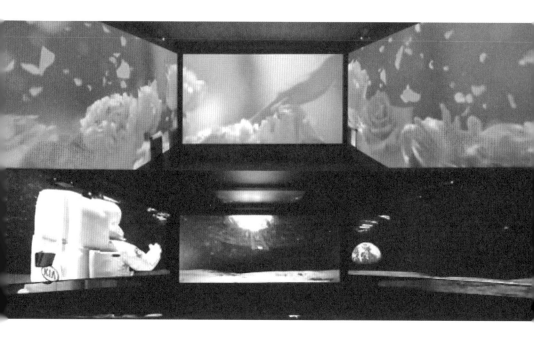

안을 또 찾아내지 않을까 싶구나.

강 교수가 말을 마친 순간 상영관 안의 불이 꺼졌다. 스크린에서
는 이미 각종 광고들이 상영되고 있는 중이었다. 그런데 불이 꺼지
고 나자 갑자기 이상한 일이 벌어지기 시작했다. 눈앞에 펼쳐져야
할 사각의 영화 스크린이 갑자기 양옆까지 쭉 늘어나는 것이었다.
그러더니 영상이 시야 전체를 뒤덮었다.

"어? 어? 이거 뭐지?"

"스크린이 왜 이래? 고장 난 거야, 뭐야?"

"어디를 보라는 거야?"

아이들이 당황하여 웅성거렸다.

"이게 스크린 X라고 하는 건데……."

강 교수가 나지막한 소리로 말했다.

"스크린 X요? 그런 게 있어요?"

"양쪽 벽면까지 다 스크린으로 활용하는 거란다."

강 교수가 뭐라고 미처 설명을 덧붙이기도 전에 영화가 시작된 탓에 강 교수도 아이들도 그만 입을 다물고 말았다. 첫 장면부터 광활한 대지에 웅장한 고성이 등장하고 대규모 전쟁 장면이 펼쳐졌다. 산 하나만큼이나 큰 초대형 코끼리가 나오고 어둠의 마법사가 끼어들고 개미떼처럼 많은 군인들이 몰려들었다. 마치 그 전쟁터의 한복판에 서 있기라도 한 것처럼 사방에서 치열한 전투가 벌어졌다. 코끼리가 성루를 잇는 다리를 부술 때에는 벽돌들이 자신의 머리 위로 떨어지기라도 하는 것처럼 아이들이 움칫거렸다.

영화 상영 시간 내내 세 개의 스크린이 작동하는 것은 아니었지만 아서왕이 전설의 검 엑스칼리버를 쥐고 숨겨진 힘을 각성할 때, 마법사와 아서왕이 싸움을 벌이는 장면 등에서 스크린이 양옆으로 길어지곤 했다. 아이들은 손에 쥔 팝콘을 입에 넣는 것도 잊은 채 3면에 스크린이 펼쳐질 때마다 고개를 양쪽으로 홱홱 돌려대기 바빴다. 특히 마법사가 조종하는 거대한 뱀이 나타나 아서왕을 뱅글뱅글 감고 조이는 장면에서 영훈이는 진짜로 숨이 막힌다는 듯이 헉하고 한숨을 내쉬었고, 아서왕이 자신을 제거하기 위해 나타난 검은 옷의 철가면 무리들과 맞서 싸우는 장면에서 제훈은 벌어진 입을 다물지 못했다.

영화가 끝나고 상영관 밖으로 나오자마자 아이들의 질문이 쏟아졌다.

"교수님, 아까 그 스크린 X라고 하신 게 구체적으로 뭐예요?"

"교수님은 전에 스크린 X로 상영하는 영화를 보신 적이 있으세요?"

"이렇게 스크린을 세 개로 쓰는 건 어떻게 하는 걸까요?"

"이런 영화는 처음 봐요. 분명히 새로운 기술은 어디선가 수입한 거겠죠?"

재우의 마지막 말에 강 교수는 문득 발걸음을 멈췄다.

"아니. 저건 순수하게 한국에서 개발한 거란다."

"우와, 진짜요?"

아이들이 놀란 목소리로 말했다.

강 교수는 극장 바로 옆에 있는 햄버거 가게로 아이들을 데리고 갔다. 햄버거를 주문하고 자리에 앉자마자 호기심으로 반짝거리는 열네 개의 눈동자가 온통 강 교수에게로 쏠렸다. 그러자 그는 빙그레 미소를 지으며 말했다.

"자, 이제 스크린 X에 대해 궁금한 게 있으면 다 물어보렴. 그걸 만든 사람이 바로 너희들 앞에 있으니까."

"네에?"

아이들은 마치 이상한 나라의 앨리스에 나오는 말하는 토끼가 진짜로 눈앞에 나타나 인사라도 한 것처럼 눈이 휘둥그레졌다.

할리우드를 앞질러간 스크린 X

스크린 X라는 게 뭔가요?

　영화를 만드는 사람들은 관객들을 극장으로 끌어들이기 위해 항상 새로운 볼거리들을 고민하지. 그래서 처음에는 동네 하나를 부수는 걸로 시작했다가 도시 하나를 부수기도 하고 그 다음에는 나라 하나를 통째로 부수기도 하고 그러다 지구를 넘어 은하계를 넘어 우주전쟁을 벌이기도 해. 그리고 사람이 연기를 하는 것으로 모자라 동물이나 유령, 로봇이 나와서 사람처럼 연기를 하기도 하고. 그러다 보니 소재는 점점 바닥을 드러내고 '과연 어떻게 하면 관객들에게 좀 더 신선한 재미를 줄 수 있을까'에 대한 고민은 깊어지기만 하는 거야. 그래서 개발하게 된 것이 스크린 X지.

　스크린 X는 스크린 익스피리언스screen experience의 줄임말이야. 기존의 극장이 정면 하나의 스크린만을 사용하는 데에서 벗어나 양쪽 벽면까지 3면을 모두 스크린으로 활용하는 시스템을 말해. 마치 관객들이 영화 속에 들어온 것처럼 몰입감을 극대화시키는 것이 특징이지.

와! 이전까지는 없었던 새로운 기술을 개발하신 거네요? 제일 어려운 점이 무엇이었어요?

세계 최초로 이 기술을 개발할 때 출발점은 물음표 하나였어. 3D 입체영화기술의 단점을 극복하면서 관객들에게 새로운 볼거리를 제공할 수 있는 기술이 과연 무엇이 있을까? 그래서 중앙 프로젝터로 정면에 화면을 투사하는 기존의 영화 상영 방식에서 벗어나 양쪽 옆면까지 세 개의 면을 극장 스크린으로 활용하는 방법을 생각해냈지. 그런데 모든 아이디어들이 그렇듯 가장 큰 숙제는 이 획기적인 발상을 현실로 만드는 거였어.

공학이란 '인간의 생활을 보다 편리하게 만들어주고 삶의 질을 높여주기 위해 기술적 해결책을 제시하는 학문'이야. 쉽게 말하자면, 과학적 지식과 기술을 이용해서 인간에게 유용한 제품을 만드는 학문인 것이지. 그러니까 첨단기술제품처럼 만드는데 너무 많은 비용이 들어가서 사람들이 쉽게 이용할 수 없는 값비싼 것들은 소비자의 관점에서 당장에는 큰 의미가 없을 수가 있어. 스크린 X 기술도 마찬가지야. 이 기술을 개발하는 목표 자체가 적게는 800개 이상의 국내 최대의 복합상영관과 많게는 14만 개가 넘는 전 세계 극장에서 바로 사용할 수 있도록 하는 것이기에 설치 비용을 최소화해야 했어. 그게 문제였지.

일단 극장의 양쪽 옆면에 부가적인 스크린을 따로 설치하는 게

불가능했어. 그렇다고 이미 벽에 설치되어 있는 스피커나 비상구 등을 없앨 수도 없었지. 그랬다가는 극장의 고유의 느낌이 훼손될 수도 있었거든. 그렇다고 스크린 X용으로 상영관을 따로 만들려니 돈이 너무 많이 들어가는 거야. 스크린 X 상영관이라고 해도 언제

든지 일반 상영관으로 사용할 수 있어야 했지. 그래서 결국 프로젝터 몇 개를 더 설치하는 것 말고는 극장 자체를 변형시킬 수 있는 방법이 전혀 없었어. 그런 판국에 평평하지도 않은 극장 벽에 값싼 프로젝터로 영상을 투사하면서 한 대에 1억 원이 넘는 영화 상영 전용 프로젝터의 영상 품질과 차이가 나지 않아야 하니 그야말로 '미션 임파서블'이 따로 없었지.

그런 어려운 문제를 어떻게 해결하신 거예요?

일단 컴퓨터 그래픽스 분야와 컴퓨터 비전 분야, 이미지 프로세싱 분야, 네트워크 기술 분야, 데이터 처리와 확률 통계 분석 분야에서 기존에 알려진 방식 중 우리가 활용할 만한 게 있는지 사전조사를 진행했어. 거기에서 건질 것이 없다면 수학적인 지식들을 총동원해서 새로운 방식을 찾아내야 했지. 온갖 시행착오 끝에 프로젝터들을 기존의 극장 시스템과 연동하는 동기화 기술을 개발해내고, 여러 대의 프로젝터에서 투사하는 영상들이 마치 하나의 프로젝터에서 투사하는 이미지처럼 자연스럽게 연결되어 보이게 하는 자동 캘리브레이션Calibration 기술도 개발해냈어. 벽의 울퉁불퉁한 부분 때문에 영상이 왜곡되어 보이는 부분도 자동으로 보정이 되도록 만들었고, 객석의 어느 위치에 앉아 있더라도 균일한 영상을 볼 수 있도록 하는 최적화 기술도 찾아냈지.

3D 입체영화를 만들 때에는 좌우 각각의 눈에 맞춘 영상을 따로 촬영을 한다고 얘기했었지. 그래서 그 과정이 훨씬 까다롭고 비용도 많이 들어갈 수밖에 없지. 그런데 스크린 X용 영화는 거기에 한 술 더 떠서 옆면에 투사되는 영상을 위해 카메라 세 대가 한꺼번에 돌아가야 하는데 이게 결코 쉬운 일이 아니야. 카메라 세 대가 동시에 촬영을 하게 되면 270도 반경 안의 모든 것이 카메라 앵글 속에 잡히게 되거든. 조금만 실수를 해도 스태프나 조명등이 카메라에 찍히는 거지. 그래도 밤낮 구분 없이 현장과 연구실을 오가며 고생한 결과 세계 최초로 스크린 X 기술을 완성할 수 있었단다.

지금은 한국과 중국, 미국, 태국 등 전 세계 100여 개 극장에 설치되어 운영 중이고, 2020년까지 1천 개의 스크린으로 확대한다는 목표를 세우고 있지. 그리고 지금까지는 완성된 영화를 스크린 X로 상영하는데 그쳤지만 기획 단계부터 스크린 X 상영을 염두에 두고 영화를 제작하는 프로젝트가 진행되고 있어. 100년이 넘도록 세계 영화시장의 주도권을 장악해온 할리우드를 앞질러서 우리가 전 세계에서 최초로 개발한 기술이니만큼 할리우드에서도 우리의 기술력에 주목하고 있단다.

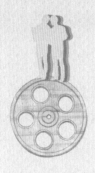

"공학이란 '인간의 생활을
보다 편리하게 만들어주고 삶의 질을 높여주기 위해
기술적 해결책을 제시하는 학문'이야.

쉽게 말하자면, 과학적 지식과 기술을 이용해서
인간에게 유용한 제품을 만드는 학문인 것이지.
그러니까 첨단기술제품처럼 만드는데
너무 많은 비용이 들어가서 사람들이 쉽게 이용할 수 없는
값비싼 것들은 소비자의 관점에서 당장에는 큰 의미가 없을 수가 있어.
스크린 X 기술도 마찬가지야.
수학적인 지식들을 총동원해서 새로운 방식을 찾아내야 했지."

영화 특수효과 기술의 미래

스크린 X처럼 영화에 관련된 기술이 나날이 발전하는 것 같아요. 컴퓨터 그래픽도 예전에는 조금씩 티가 나고 그랬는데 요즘은 진짜로 살아 있는 것처럼 보인다니까요. 영화 〈미녀와 야수〉에 나오는 주인공들도 사실은 다 만화 캐릭터인데 촛대 집사 아저씨에서부터 주전자 엄마랑 꼬마 찻잔까지 어쩌면 그렇게 죄다 살아 있는 것처럼 움직이는지 정말 놀라웠어요.

영화 〈미녀와 야수〉는 발전된 컴퓨터 그래픽 기술이 없었다면 만들 수 없는 영화지. '야수'도 원래는 특수분장으로 표현하려고 했지만 현실감을 높이기 위해 모션 캡처와 MOVA 페이셜 캡처 기술을 사용해서 제작을 했단다. 배우 댄 스티븐슨이 연기한 야수의 얼굴이 감정 상태에 따른 미묘한 변화까지 표현해낼 수 있었던 것은 이 덕분이지. 페이셜 캡처 기술을 이렇게까지 집중적으로 사용한 것은 영화사상 처음이라고 해. 야수 역할을 한 이 배우는 2주에 한 번씩 얼굴에 페인트칠을 하고 스무 대가 넘는 카메라로 얼굴을 근접 촬영을 해야 했어. 이렇게 촬영한 배우 얼굴의 미세한 움직임을 디지털로 창조된 캐릭터의 얼굴에 그대로 옮겨놓았기 때문에 여자 주인공 벨을 만나면서 점점 심경의 변화를 겪고 인간적으로 변해가는 야수의 마음 상태가 그대로 얼굴에 드러날 수 있었던 거지.

옷걸이에서부터 촛대, 시계 등과 같은 야수의 성 식구들도 맨 마지막 장면에서 인간으로 변신하면서 나올 실제 배우들의 특징을 살려서 캐릭터를 디자인했다고 해. 그리고 그중에서 촛대 르미에는 컴퓨터로만 만들어진 캐릭터가 아니라 배우가 직접 바디슈트를 입고 모션 캡처를 통해서 자유자재로 움직이거나 춤을 추는 모습을 촬영했다지.

제가 동물을 좋아하는데 〈정글북〉에 나오는 동물들은 진짜 다 살아 있는 것 같았어요. 그 영화를 본 다음에 우리 집 강아지를 보는데 혹시 얘도 말을 할 수 있지 않을까, 하는 생각까지 했다니까요. 그런데 그건 진짜 정글에서 찍은 건가요?

〈정글북〉은 디즈니에서 라이브 액션*으로 개봉했던 영화지. 〈정글북〉의 원작은 1894년에 발간된 책이야. 지금으로부터 120년도 더 됐지. 19세기에 『정글북』이 책이었다면 20세기에는 만화영화, 21세기에는 라이브 액션인 셈이지. 〈정글북〉에 나오는 캐릭터들 중에서 진짜 배우인 것은 주인공 모글리뿐이고 나머지는 모두 컴퓨터 그래픽으로 만든 것들이야.

〈정글북〉은 사실적인 배경을 만들기 위해 소설 『정글북』의 실제 배경이 된 인도 벵갈루루의 정글에서 숲의 나뭇잎 하나까지 세세하게 10만 장 이상의 사진을 찍었어. 그리고 그 사진들을 토대로 이끼, 나무껍질, 바위, 물 등 실감나는 정글을 만들어냈지. 현실감을 높이기 위해 다면 촬영기법을 사용하기도 했어. 이렇게 하면 공간에 입체감과 더불어 깊이감이 생기거든. 진짜로 깊은 정글에 와 있는 것 같은 착각을 불러일으키지.

감독은 미리 모글리 역을 맡은 배우와 모션 캡처 배우들을 통해 동선과 동작에 대한 데이터를 확보해놓은 다음에 촬영에 들어갔어. 이 영화에는 동물 캐릭터들이 많이 나오는데 동물과 사람의 움직임은 서로 다르기 때문에 이 모션 캡처 데이터가 완성된 영화에 실제로 사용되지는 않았지만 캐릭터들이 화면 안에서 움직이면 얼마만큼의 공간을 차지할지, 어떤 방향으로 움직일지 등에 대한 훌륭한 가이드를 제공해주었지. 이런 치밀한 사전 데이터가 있었기에 모글리의 실사 액션을 촬영하면서 화면에서 그것이 어떤 식으로 배치가 될지 모니터로 동시에 확인을 할 수 있었던 거야. 그래서 컴퓨터 그래픽으로 만들어낸 정글과 주인공, 그리고 온갖 동물 캐릭터들이 완벽한 조화를 이루어낼 수 있었지.

이게 다가 아니야. 곰과 늑대, 호랑이, 표범 등의 동물들이 주요 캐릭터로 등장하는데 마치 살아 있는 것처럼 보이게 하려고 70여 종류가 넘는 동물들의 근육과 피부, 털을 구현해낼 수 있는 새로운 프로그램을 개발하기도 했어. 그리고 여러 번의 렌더링* 작업을 통해서 동물들이 각각 감정을 표출해내는 방식과 서로 다른 미묘한 행동의 특징들을 살려서 캐릭터마다 개성을 불어넣었지. 그래서 인간의 손이 닿지 않은 장엄한 밀림과 털 한 올까지 질감이 살아 있는 동물 주인공들이 영화 속에서 열연을 펼치는 것을 볼 수 있게 된 거야.

너희들이 지금부터 만들어갈 영화도 이전에는 한 번도 해본 적이 없는 도전일 거야. 그러니까 시작하기도 전에 벌써부터 이게 잘 될 수 있을까 하는 의문이 생기고 우리가 해낼 수 없을지도 모른다는 좌절도 생길 수 있어. 그 결과가 어떻게 될지 아무도 모르기 때문이지. 아무리 패기와 열정에 넘쳐서 최선을 다한다고 해도 막막한 문제들은 끊임없이 생겨날 수 있어. 그걸 열심히 하나하나 헤쳐 나가면서도 한편으로는 내가 맞는 길을 가고 있는 건지 의문이 들기도 하지. 왜냐하면 새로운 도전에는 정답이란 게 없으니까.

기존에 없던 새로운 것을 만들어낼 때에는 과연 제대로 완성된 결과물이 나올 수 있을지 아무도 장담할 수 없어. 그래서 '내가 정말로 가능한 일에 도전하고 있는 게 맞을까?'라는 질문을 수도 없이 자신에게 던지게 돼. 그건 당연하고 자연스러운 거야. 그런데 말이다, 내 경험상 아무리 막다른 골목인 것 같아도 진짜로 비상구가 하나도 없었던 적은 없었어. 그러니까 끝까지 해보는 거야, 애들아.

"열심히 하면 이번에 왠지 근사하게 하나 만들 수 있을 것 같은 예감이 들어."

영훈이가 제일 먼저 입을 열었다.

"그래, 인생작 하나 건져보자!"

소현이가 신나게 맞장구를 쳤다.

"난 영화로 쭉 밀고 나갈 거니까 영화로 성공하려면 제일 중요한 건 예술적인 재능이라고 생각했어. 그래서 그동안 수학책은 쳐다도 안 봤는데…… 에이, 이제부터라도 과학이랑 수학을 한 번 파봐?"

재우가 씩 웃으며 말했다.

"내가 도와줄게."

제훈이 재우의 어깨 위로 팔을 두르며 말했다. 그러자 재우가 제훈을 바라보며 "어쭈!"하고 맞받아쳤다.

"흠, 분위기 좋은데, 제재 브라더스!"

"어우, 교수님, 쫌!"

아직도 '제재 브라더스'라는 말이 낯간지러운 듯 제훈과 재우는 키득거리며 웃었다.

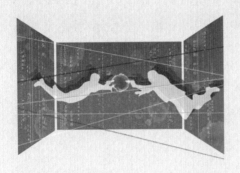

"스크린 X는 스크린 익스피리언스screen experience의 줄임말이야.
기존의 극장이 정면 하나의 스크린만을 사용하는 데에서 벗어나
양쪽 벽면까지 3면을 모두 스크린으로 활용하는 시스템을 말해.
마치 관객들이 영화 속에 들어온 것처럼
몰입감을 극대화시키는 것이 특징이지.

스크린 X 기술은 100년이 넘도록
세계 영화시장의 주도권을 장악해온 할리우드를 앞질러서
우리가 전 세계에서 최초로 개발한 기술이니만큼
할리우드에서도 우리의 기술력에 주목하고 있단다."

강 교수와 헤어지고 난 뒤 아이들은 제훈의 집으로 몰려갔다. 쇠뿔도 단김에 뽑으랬다고 이왕 모인 김에 같이 뭐라도 해보자고 의기투합을 한 참이었다. 아이들이 컴퓨터 앞에 앉은 제훈의 주위로 옹기종기 모여들었다. 그러자 제훈은 컴퓨터를 켜고 마야 프로그램을 스크린에 띄웠다.

"이거야? 네가 쓰는 프로그램이?"

재우가 물었다.

"응. 전에 너희들한테 보여준 동영상도 이걸로 만든 거야. 아직 속도가 빠른 건 아닌데 그동안 이것저것 시험 삼아 해본 것들도 꽤 있어."

제훈이 대답했다.

"우선 무엇부터 해야 하지?"

"일단 알파X부터 만들어야지. 주인공인데."

"학생들을 가르치는 선생님이면 로봇도 좀 있어 보여야 하지 않나?"

"그럼, 뭐, 진짜 사람처럼 만들려고?"

"글쎄……."

아이들 사이에 알파X의 캐릭터 디자인을 두고 의견이 분분한 가운데 재우가 노트를 꺼냈다.

"내가 한 번 그려볼게."

재우가 노트를 펼치더니 슥슥 그림을 그려나가기 시작했다. 깨끗한 무선 노트 위에 사람도, 〈스타워즈〉의 알투디투처럼 전형적인 로봇 같은 로봇도 아닌, 그 중간쯤의 알파X가 탄생했다. 인공적인 웃는 표정이 얼굴에 고정되어 있어 진짜 웃는 것 같기보다는 웃는 척하는 것처럼 보이는 묘한 얼굴이었다.

"우와! 너 진짜 그림 잘 그리는구나."

제훈은 감탄하며 부러운 듯 재우를 쳐다보았다.

"오호! 이거 진짜 알파X 같은걸!"

영화 줄거리를 쓴 소현이도 탄성을 질렀다.

"야아, 이제 이 그림을 제훈이가 컴퓨터로 움직이게 만들기만 하면 되는 거 아냐? 이거 뭔가 척척 되어가는 것 같은데!"

제훈은 망설임 없이 여러 장의 스케치를 척척 완성해나가는 재우가 부러웠다. 지난번에 아이들에게 보여줄 동영상을 만들 때 사실은 이렇게 멋들어진 디지털 캐릭터를 하나 완성해보고 싶은 욕심이 있었다. 그래서 며칠을 끙끙 앓았지만 도무지 그놈의 캐릭터의 모양새가 머릿속에 떠오르질 않았다. 그래서 어디에선가 봤던 기억을 대충 더듬어가며 마야로 만들어낼 수 있는 온갖 특수효과를 한데 버무려낸 것으로 만족해야 했던 것이다. 아이들이 저희들끼리 만들었다던 '애니메이션 비슷한' 영상들도 아직은 복잡한 컴퓨터 프로그램을 다루는 기술이 서툴러서 움직임이 단순하고 조악하기는 했지만 캐릭터들만 놓고 보면 하나같이 특이하고 그럴싸했다. 모두 재우의 솜씨였을 것이다.

"재우야, 이거 혹시 파일로 만들어서 나한테 보내줄 수 있어? 그럼 내가 마야로 모델링을 해볼게."

제훈은 유튜브를 뒤지며 즐겨찾기를 해놓은 마야에 관련된 동영상들을 아이들과 함께 보았다. 마야로 모델링을 하고 나서 자연스러운 움직임을 만들어내는 과정이 자세하게 설명되어 있었다.

"우와, 이런 프로그램을 자유자재로 쓸 수 있으면 정말 좋겠네. 일단 초반에 캐릭터만 잘 잡으면 그 다음은 컴퓨터가 알아서 다 해주는 거잖아."

영훈이 말했다. 그러자 제훈이 신이 나서 말을 이어갔다.

"지난번에 강 교수님이랑 처음 영화 이야기를 하고 나서 결심한 게 있거든. 난 커서 교수님처럼 영화 만드는 일을 할 거야. 내가 잘하는 걸 살려서 말이지. 비록 난 재우처럼 그림을 잘 그리거나 소현이 너처럼 글을 잘 쓰는 재주는 없지만 컴퓨터에 관심이 많으니까……."

"야! 나는 왜 빼?"

영훈이가 제훈이에게 매달렸다.

"나도 나중에 〈아바타〉 같은 영화를 만드는 게 꿈이거든. 한 번 여기 발을 들여놓으면 딴 데는 못가는 거야, 인마. 한 번 신성사 직원은 영원히 신성사에 충성! 몰라?"

"우리가 어른이 됐을 때는 어떤 영화를 보게 될까? 지금도 이렇게 말하는 곰이니 암흑의 세계에서 뛰쳐나온 괴물이니 외계인들이 마치 살아 움직이는 것 같은데, 미래에는 사람들이 도대체 어떤 상상을 할까?"

컴퓨터 스크린에서 여전히 돌아가고 있는 마야의 동영상을 말없이 보고 있던 태준이가 꿈꾸는 듯한 목소리로 말했다.

"음…… 내가 생각해본 적이 있는데 말이야, 아마도 사람들이 영화 속으로 들어가서 영화를 보게 될지도 몰라."

제훈의 말이 끝나기도 전에 아이들이 눈을 동그랗게 뜨고 제훈을 쳐다보았다. 도무지 무슨 소리를 하는 건지 모르겠다는 듯한 얼굴들이었다. 제훈은 빙그레 웃으며 설명을 하기 시작했다.

"너희들 혹시 VR이나 AR이라는 말 들어봤니? 왜 2016년에 '포켓몬 고' 게임이 나와서 선풍적인 인기를 끌었었잖아. 학교에서 선생님이 종례 시간에 그거 하지 말라고, 하다가 걸리면 혼난다고 그랬었는데……."

"당근 기억하지. 나도 해봤어, 그거. 포켓몬 잡으러 시내에도 나가고 그랬거든. 엄마 아빠가 눈만 마주치면 잔소리를 하시고 신성사 때문에 바쁘기도 해서 접기는 했지만."

영훈이 말했다.

"그 포켓몬 고 게임이 바로 증강현실, 그러니까 AR^Augmented Reality을 사용한 게임이야. 증강현실이란 사람이 눈으로 보는 실제 이미지나 배경에 3차원의 가상 이미지를 겹쳐서 하나의 영상으로 보여주는 기술을 말해. 포켓몬 고 게임에서는 사람들이 스마트폰을 가지고 현실의 공간 속을 이동하다 보면 진동으로 포켓몬이 있는 위치를 알려주고 곧이어 화면에 3D로 된 포켓몬들이 등장하지. 그런데 반면에 가상현실, 즉 VR^*은 360도 전 방향을 동시에 촬영할 수 있는 카메라로 공간 전체를 영상에 담아서 가상의 세계 속에 내가 직접 들어가 있는 것처럼, 그래서 그게 마치 현실인 것처럼 착각하게 만드는 거야. 그런데 이 VR을 사용해서 영화를 만들 수도 있지 않을까?"

"기존에 없던 새로운 것을 만들어낼 때에는

과연 제대로 완성된 결과물이 나올 수 있을지 아무도 장담할 수 없어.

그래서 '내가 정말로 가능한 일에 도전하고 있는 게 맞을까?'라는 질문을

수도 없이 자신에게 던지게 돼.

그건 당연하고 자연스러운 거야.

그런데 말이다,

내 경험상 아무리 막다른 골목인 것 같아도

진짜로 비상구가 하나도 없었던 적은 없었어.

그러니까 끝까지 해보는 거야."

디지털 기술과 영화

1999년에 처음 나온 영화 〈매트릭스〉를 기억하지? 그 〈매트릭스〉는 영화 속에 나오는 슈퍼컴퓨터가 만들어낸 가상현실을 의미해. 사람들이 현실이라고 생각하면서 생활하는 공간과 그 안에서 일어나는 모든 일들이 사실은 모두 가짜였다는 게 밝혀지지. 가상현실VR 영화도 마찬가지야. VR 헤드셋을 쓰고 스위치를 누르면 눈앞에 영화가 펼쳐지는 거야. 마치 내가 영화 속으로 들어간 것처럼 말이야. 고개를 사방으로 돌리면 영화 속 풍경이 사방에 펼쳐지고 앉거나 서면 풍경을 올려다보거나 내려다보는 것도 가능해.

사실 이미 제작된 VR 영화들도 꽤 있어. 디지털 아티스트들이 가상의 공간에서 함께 작업을 할 수 있도록 만드는 기술까지 개발이 됐으니까. 그런데 지금으로서는 VR 헤드셋을 쓰고 두 시간짜리 영화를 보는 건 불가능해. 눈도 아프지만 멀미하는 것 같은 어지러운 증상이 나타나기 때문이야. 그리고 기존의 영화보다 훨씬 많은 카메라를 써야 하고 2D로 촬영된 영상들을 360도 전방위로 볼 수 있게 이어 붙이려면 시간과 노력도 훨씬 많이 필요하지. 그렇지만 기술이 발전하는 속도를 생각해보면 이런 단점들을 빠르게 극복해낼 수 있을 거라고 생각해. 그래서 현실과 화소 차이가 별로 나지 않을 만큼 선명한 화질에 입체적인 사운드 시스템을 갖추고 화면과 눈의

거리를 정밀하게 계산하고 시각적 정보와 몸의 움직임을 동기화 시
켜주는 등 관객이 최대한 편하게 VR 영화를 볼 수 있게 제작한 VR
헤드셋이 나올 거야.

그런데 이렇게 VR 헤드셋 하나만 가지면 영화를 현실처럼 체험
할 수 있다고 해서 사람들이 과연 친구랑 귓속말로 속닥거리며 팝
콘에 콜라를 먹어가며 영화를 보는 재미를 포기할까? 영화를 보고
나온 다음에 친구랑 영화에 대해 한바탕 수다를 떠는 재미는 어쩌
구? 그래서 친구랑 같이 영화를 보고 싶으면 인터페이스를 통해서
호출을 하는 거야. 그리고 VR 속에서 나란히 앉아 영화를 보는 거
지. 물론 그때 내 옆에 앉아 있는 게 진짜 친구는 아닐 거야. 친구의
아바타라고 할 수 있지. 친구는 자기 집에 앉아 있지만 나랑 동시에
같은 영화를 보는 거지.

어떤 예측에 따르면 2020년 이후엔 컴퓨터 그래픽으로 만든 인
간과 살아 있는 인간이 눈으로는 구분을 할 수 없을 정도가 될 거라
고 해. 실제 배우는 하나도 출연하지 않고 컴퓨터 그래픽으로만 만
든 인간, 즉 디지털 휴먼Digital Human들을 써서 '연기자 없는 영화'
를 만들 수도 있게 된다는 거야. 이건 이미 스티븐 스필버그가 예언
을 하기도 했지. 그렇게 되면 배우에게 힘들게 특수분장을 하지 않
고도 인간의 노화를 자유자재로 표현할 수 있고, 더 나아가서 이미
고인이 된 유명한 영화배우를 젊은 시절 모습 그대로 다시 불러내

서 연기를 시킬 수도 있지. 그러니까 미래에는 장소나 시대, 인물, 나라, 현실과 비현실, 죽음까지도 구애받지 않고 인간이 상상하는 모든 이야기를 실제처럼 구현해낼 수 있을 거라는 얘기야.

"잠깐만. 그러니까 컴퓨터만 있으면 다 된다 이거야?"

재우가 인상을 쓰며 물었다. 아까까지 화기애애하던 분위기는 순식간에 누가 찬물이라도 끼얹은 것처럼 싸늘해져 있었다. 제훈이 당황한 목소리로 대답했다.

"아니, 내 말은, 그런 게 아니라……."

"네 말이 그렇잖아, 지금. 컴퓨터 그래픽으로 배경도 다 만들고, 배우도 다 만들고, 거기다가 360도 펼쳐지는 가상현실이라면 애써서 스크린 안에 멋진 앵글을 잡아넣으려고 노력할 필요도 없고……."

재우가 승태 쪽을 슬쩍 쳐다보았다.

"야, 김승태. 넌 할 말 없냐?"

승태는 평상시에는 별로 나서는 일도 없고 늘 아이들 뒤에서 팔짱을 끼고 이야기를 듣는 편이지만 신성사에서 만드는 작품들은 죄다 승태가 촬영한 것들이다. 사진을 잘 찍는 동물적인 감각을 타고났다는 칭찬을 듣는 아이였다. 그때 승태 대신 태준이가 불쑥 끼어들었다.

"이거 가만히 듣자하니까 앞으로 내 꿈을 그대로 밀고 나가야 하나 말아야 하나 고민이 되는데?"

태준이는 신성사의 대표 배우였다. 영화를 만들 때면 아이들이 총동원되어 출연을 하지만 다른 아이들이 모두 조연인 반면 주연 자리는 언제나 태준이의 몫이었다.

"원래 배우란 삶의 경험이 쌓일수록 스크린에서 깊이를 드러내는 연기를 할 수 있는 거랬는데, 디지털 휴먼이라니. 그런 것들이 삶의 경험이 뭔지, 깊이가 뭔지 알게 뭐야. 그런데 배우를 쓸 필요가 없는 영화를 만들게 될 거라고?"

처음에는 아이들을 달랠 말을 찾으려고 애쓰던 제훈도 입을 다물어버렸다. 이런 반응이 나올 줄은 꿈에도 생각하지 못했다. 그저 컴퓨터 그래픽 기술의 발전이 영화의 미래에 얼마나 중요한 역할을 하게 될 것인지를 얘기해주려던 것뿐이었다. 더불어 신성사 안에서 앞으로 자신의 존재가 얼마나 유용한 것이 될 수 있는가도 슬며시 강조하려 했던 게 사실이다. 이제까지 자신을 거부하던 친구들이 강 교수를 만나고 온 뒤 태도가 많이 달라진 것이 제훈의 용기를 북돋아주기도 했다.

"나는 그만 가볼게."

재우가 방바닥에 아무렇게나 팽개쳐놓았던 가방을 집어 들며 말했다.

"아까 얘기한 그림 파일은 내가 오늘밤에 보내줄게. 내일 학교에서 보자."

말을 마친 재우는 제훈이 쪽은 쳐다도 보지 않고 그대로 방을 나갔다. 그리고 그 뒤를 영훈이, 소현이, 승태, 태준이 순으로 "나도 갈게."라는 말만 던진 채 모두들 줄줄이 따라서 나가버렸다.

아이들을 말릴 틈도 없이, 그렇다고 잘 가라는 인사를 할 틈도 없이 제훈은 텅 빈 방 안에 덩그러니 홀로 남겨졌다. 잘 되어가던 일을 자신이 다 망쳐버린 것 같은 좌절감이 몰려왔다.

사위가 어둑어둑해지고 어느새 깜깜해진 방 안에 컴퓨터 스크린만 환하게 빛날 때까지 제훈은 그렇게 한참을 멍하니 앉아 있었다.

- **언캐니 밸리**^{Uncanny Valley} 인간이 로봇이나 인간이 아닌 것들에 대해 느끼는 감정의 변화에 대한 로보틱스 이론. 인간은 로봇이 인간의 모습과 흡사할수록 호감을 느끼다가 어느 수준에 도달하게 되면 이 호감이 갑자기 강한 거부감으로 바뀐다. 그러다가 로봇이 인간과 거의 구별이 불가능한 수준에 이르면 다시 호감도가 증가하여 인간이 인간에 대해 느끼는 감정의 수준까지 접근하게 된다. 언캐니 밸리(영어로 '불쾌한 골짜기'라는 뜻)는 인간에 가깝지만 인간과 완벽하게 같지는 않은 로봇에 대해 사람들이 혐오감을 느끼는, '인간과 비슷한' 로봇과 '인간과 똑같이 생긴' 로봇 사이의 영역을 뜻한다.

- **이모션 캡처**^{Emotion Capture} 얼굴의 주요 근육 부위에 특수마킹을 한 뒤 배우들이 머리에 쓴 초근접 카메라로 세밀한 표정 변화를 촬영하고 디지털 캐릭터로 그대로 옮긴다. 동작만 똑같이 구현하는 모션 캡처보다는 배우들의 감정까지 전달하는 훨씬 더 진화된 개념이라고 할 수 있다.

- **페이셜 캡처**^{Facial Capture} 페이셜 캡처 기술을 처음으로 사용한 영화는 로버트 저메키스 감독이 2004년 내놓은 〈폴라 익스프레스〉였다. 그러나 캐릭터들의 눈의 움직임이 부자연스럽다는 지적을 받자 그로부터 3년 뒤 만든 〈베오울프〉에서 눈의 움직임까지 완벽하게 해결한 페이셜 캡처 기술을 선보였다. 눈의 움직임을 조절하는 근육 위에 마커를 붙인 것이다.

- **라이브 액션**^{Live Action} 실제 풍경과 배우의 연기를 먼저 촬영한 다음 그 필름에 CG로 만든 등장인물을 넣는 것.

- **다면 촬영기법** 각기 다른 장면을 그린 셀들을 카메라와 약간씩 거리의 차이를 두고 촬영하여 3차원의 입체감을 살리는 촬영 기법.
- **렌더링**Rendering 3차원의 기하 정보를 조명, 색상, 반사도 등을 적절히 조절한 후 2차원 평면의 그림으로 만드는 과정.
- **VR**Virtual Reality 가상현실 실제가 아닌 가상의 장면을 마치 실제에서 일어나는 일인 것처럼 보여주는 기술. 최근 들어 HMD(Head Mounted Display-안경처럼 착용하여 사용하는 모니터)가 널리 보급됨에 따라 HMD를 착용하고 콘텐츠를 보는 방식을 흔히 VR이라고 표현하기도 한다.

6장

인공지능을 지배하는 상상력

다음 날. 종례시간이 끝나자마자 제훈은 오늘 하루 종일 자신에게 는 한 마디 말도 걸지 않았던 재우와 함께 묵묵히 복도를 걸어 신성 사 교실로 갔다.

지난 밤 늦은 시간에 재우에게서 메일이 왔었다. '그림 파일이야.' 라는 제목에 내용은 한 글자도 없이 첨부 파일만 달랑 붙여서 보낸 메일이었다. 파일들을 열어 보니 오후에 재우가 그려서 보여 주었 던 알파 X의 스케치가 여러 장 들어 있었다. 제훈은 '회신' 버튼을 누르고 답장을 쓰기 시작했다. '잘 받았어.'라고 쓰고 나서 커서가 마침표 위에서 한참 동안 깜빡거리는 데도 다음 줄을 쓰지 못하고 망설였다. 사과를 해야 할지, 변명을 해야 할지 알 수가 없었기 때문 이었다. 결국 제훈은 '그럼 내일 보자.'로 마무리를 하고 '보내기' 버 튼을 누르고 말았다.

교실 안에는 아이들 서너 명이 모여 있었고 제훈과 재우가 도착하고 나서 나머지 아이들이 차례로 문을 열고 나타났다. 아이들은 마치 어제 아무 일도 없었다는 듯이 서로 툭툭 치며 농담을 주고받았지만 어제처럼 제훈에게 살갑게 구는 놈은 하나도 없었다. 아이들이 다 모이기를 기다리는 그 몇 십 분이 제훈에게는 마치 몇 백 년처럼 느껴졌다.

"얘들아, 내가 어제 작업을 좀 해봤는데, 이거 한 번 봐줄래?"

제훈은 미리 책상 위에 꺼내놓았던 노트북 컴퓨터를 켰다. 그리고 밤새 잠 한 숨 자지 못하고 혼자서 끙끙거리며 만든 파일을 열었다. 재우가 그렸던 알파 X를 마야로 모델링을 한 것이었다. 컴퓨터 스크린에 알파 X가 그럴싸한 모습을 드러냈다.

"오~ 멋진데!"

"잘 만들었는데."

아이들의 흡족한 반응이 이어지자 제훈은 약간 마음이 놓인 듯한 표정을 지었다.

"이제 시작일 뿐이야. 이건 대충 느낌만을 표현해본 거고 표면을 매끄럽게 정리하면서 다시 손을 봐야 해. 그게 끝나면 리깅이란 걸 해야 하는데, 아무래도 사람이 아니다 보니까 미세한 얼굴 표정이나 손가락, 발가락처럼 섬세하게 움직이는 게 없어서 시간이 그렇게 오래 걸릴 것 같지는 않아……."

"아이고, 신성사에 전교 1등이 웬 말인가 했더니 앞으로 우리 신성사가 아주 최첨단 영화를 만들게 생겼네. 응? 애 하나 있음 앞으로 영화 만들 걱정은 안 해도 되겠어, 안 그래?"

그때까지 아무 말도 하지 않고 있던 재우가 또 비꼬듯 끼어들었다. 제훈은 기분이 상해서 재우를 노려보았다.

"야, 넌 어제 교수님 말씀을 다 듣고도 그런 소리가 나와? 너 같은 애도 있고 나 같은 애도 있어야 영화를 만들 수 있는 거라잖아."

제훈이 볼멘소리를 시작하려는 찰나, 누군가 교실 문을 똑똑-하고 두드렸다. 아이들이 일제히 고개를 돌리며 "네!"하고 대답하자 문이 드르륵 열렸다. 안으로 들어선 사람은 다름 아닌 강 교수였다. 놀라서 쳐다보는 아이들과 눈이 마주친 그는 멋쩍은 듯 씨익 하고 웃으며 말했다.

"와, 우리 어제도 보고 오늘도 보고. 이러다 정들겠어. 안 그러니, 얘들아?"

아이들은 별다른 반응이 없었다. 늦은 오후의 햇살이 비껴 들어오는 중학교 교실과 뜬금없는 카이스트 교수님의 등장 사이의 인과관계를 찾느라 한창 머리를 굴리는 중이었다. 강 교수는 기다리지 않고 다음 말을 이어갔다.

"내가 어제 정말 중요한 이야기를 빼놓고 못한 것 같아서 말이야. 이게 뭔가 숙제를 하다가 만 기분이랄까. 그래서 하던 얘기를 마저

다 끝내볼까 하고 잠깐 들른 거란다."

강 교수가 들어설 때부터 놀란 표정을 짓지 않은 건 제훈이뿐이었다. 사실 어젯밤에 재우에게 답장을 보내고 곧장 강 교수에게 이메일을 쓰기 시작했다. 친구들을 데리고 연구실을 방문할 수 있도록 시간을 내어주고 영화까지 보여준 데 대한 감사 인사를 할 목적이었는데 얘기가 점점 다른 방향으로 흘러가더니 결국 친구들의 오해를 산 것 같아 억울하다는 하소연으로 끝을 맺고 말았었다.

"그 중요한 하실 말씀이란 게 뭐예요?"

영훈이 궁금하다는 듯 물었다.

"어제 집에는 잘 들어갔니?"

강 교수는 대답 대신 엉뚱한 소리를 했다.

"아, 어제 곧장 집으로 안가고 제훈이네 집에 갔었어요. 이왕 밀고 나가기로 한 거 하루라도 빨리 시작하자고 다들 그래서요. 캐릭터를 어떻게 만들지 의논도 할 겸……."

소현이가 얼른 나서서 대답을 했다.

"그랬구나? 그래서 뭔가 건지기는 했어?"

"네…… 알파 X를 대충 만들긴 했어요. 어제 말씀하신 대로 재우랑 제훈이가 같이 하니까 우리끼리만 할 때보다는 훨씬 나은 것 같아요."

영훈이 재우와 제훈을 번갈아 쳐다보며 말했다.

"잘됐구나. 내가 그랬잖니. 너희 둘이 힘을 합치면 할 수 있다니까."

인간의 고유 영역, 불가능을 상상하라

인공지능이 아무리 발달한다고 해도 절대로 인간의 창의성만큼은 대신할 수 없어. 그래서 개발자들이 새롭게 만들어내는 기술은 이 창의성을 극대화시킬 수 있는 방향으로 흘러가게 되어 있지. 영화를 예로 들어보자. 영화라는 예술의 한 장르가 만들어지기 시작한 그 순간부터 사람들은 괴물이나 외계인이 나오는 영화를 늘 만들어왔어. 그래서 배우가 특수분장을 하고 연기를 하거나 카메라 트릭을 쓰기도 했지. 상상의 나래를 잔뜩 펼쳐놓은 이야기를 최대한 실제처럼 구현하기 위해 방법을 찾다 보니 자연스럽게 기술이 따라서 발전하게 된 거야. 그 출발점은 늘 인간의 상상력이었지.

구석기 시대의 사람들은 낮에 본 동물들을 그리고 싶어도 그릴 수 있는 마땅한 도구가 없어서 창작 활동이 어려웠어. 그러다가 물감이나 붓이 발명되면서 다양한 색깔의 그림을 그리게 되었지. 표현에는 도구가 필요한 법이야. 그리고 그 도구를 사용하는 법을 배워야 하지. 그림을 잘 그리려면 물감이나 붓의 특성을 이해하면서 그 사용법을 배워야 하고, 컴퓨터를 활용하려면 컴퓨터 프로그램을 쓰는 법을 배워야 해. 피아노를 멋지게 치고 싶은 마음이 아무리 굴뚝같아도 피아노 치는 법에 익숙하지 않으면 그거야말로 꿈에 불과한 거 아니겠니. 창의적인 그림을 생각해내더라도 그걸 표현하는

방법에 익숙해져 있지 않으면 그 창의성이 꽃을 피우기가 어렵지. 이런 제약과 한계를 최대한 없애주는 것이 바로 기술이 가진 힘이 야. 기술이 존재하는 이유이기도 하고.

재우 넌 그림은 잘 그리지만 컴퓨터를 잘 다루지 못해서 문제라 고 생각하지? 그래서 어떤 기술이 개발되었는지 아니? 일부러 복잡 한 컴퓨터 그래픽 프로그램을 배우지 않아도 컴퓨터 스크린 위에 2D로 스케치를 하면 그게 자동으로 3차원 정보로 변환이 되어서 보다 쉽게 캐릭터 애니메이션을 만들 수가 있게 된 거야. 원래 캐릭 터 애니메이션은 전문가들의 영역이지 아무나 할 수 있는 게 아니 야. 그런데 우리가 개발한 이 기술을 사용하면 적당히 스케치만 해

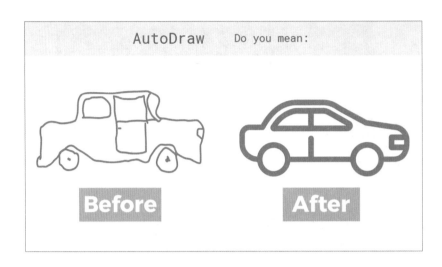

쥐도 컴퓨터가 자동으로 사람이 다양하게 움직이는 모습을 실제처럼 만들어내. 그러면 재우, 너 같은 사람도 쉽게 자신의 마음속에 꿈틀거리는 창의성을 마음껏 발산할 수 있고, 전문가들의 입장에서는 일하는 속도를 엄청나게 향상시킬 수가 있어.

그리고 그 반대의 경우로 제훈이 너처럼 그림은 잘 못 그리지만 상상력이 풍부한 사람들을 위한 프로그램도 개발이 됐지. 컴퓨터 스크린 위에 삐뚤빼뚤한 솜씨로 대충 그림을 그리면 인공지능이 어떤 그림을 그리려는 의도인지를 예상하고 이에 맞는 이미지를 보여주고 선택을 할 수 있도록 하는 거야. 낙서 같은 스케치를 전문 아티스트가 그린 그림의 수준으로 바꿔주는 거지. 모자란 그림 실력을

"피카소가 자신만의 독특한 화풍을 만들어내고
스티븐 스필버그가 귀여운 외계인이 나오는 영화 〈E.T.〉를 만들었을 때
누구에게서 배워서 한 것일까?
그건 누구도 가르칠 수가 없는 것이지.
고흐의 그림도, 모차르트의 음악도,
민주주의도 인간만의 발명품이라고 할 수 있어.
그러니까 인공지능시대에 우리가 더욱 집중해야 할 것은
어떻게 하면 인간만이 가질 수 있는
창의성을 더욱 높일 수 있을까 하는 것이야."

인공지능이 대신 채워주는 거랄까. 영화에서 사람의 얼굴을 애니메이션으로 표현하려면 전문 아티스트들이 얼굴의 근육과 피부의 탄력성을 조절해가며 수작업으로 일일이 만들어야 해서 불편하지만 우리가 개발한 기술을 사용하면 사용자가 얼굴 위 아무 곳에나 기준점을 임의로 잡고 움직여주기만 해도 얼굴 애니메이션이 자동으로 생성이 돼. 복잡한 메뉴를 가진 프로그램들을 일일이 배우지 않고도 굉장히 쉽게 애니메이션을 만들 수가 있지.

1천 명이 넘는 사람들이 마야를 가지고 2, 3년은 작업을 해야 영화가 완성되는 것이 지금의 현실이라면 앞으로는 내가 이런 영화를 만들고 싶다, 라는 조건을 주기만 하면 좀 더 사람의 손이 덜 가도 되도록, 시간을 좀 더 절약할 수 있도록 자동화 기술이 개발되는 거야. 요즘 사람의 목소리를 알아듣는 음성 인식 기능을 가진 인공지능 스피커들이 상용화 돼서 나오고 있지 않니? 아마 미래에는 감독이 배우에게 하는 것처럼 인공지능을 가진 디지털 캐릭터에게 달려봐, 춤춰봐, 혹은 좀 더 높이 뛰어올라봐, 하는 식으로 직접 연기를 지시할 수도 있게 될 거야. 그러면 컴퓨터를 배울 필요도 없이 순수한 창의성만으로도 자신이 원하는 영화를 만들 수 있겠지.

인공지능이 발전할수록 많은 분야에서 사람을 대신하게 될 것이고, 사람보다 일도 훨씬 더 잘할 거야. 그런데 인공지능에게는 치명적인 단점이 있단다. 인공지능이 주어진 임무를 수행하는 법을 배우기 위해서는 학습이 필요하다는 거야. 그렇지만 사람은 달라. 피카소가 자신만의 독특한 화풍을 만들어내고 스티븐 스필버그가 귀여운 외계인이 나오는 영화 〈E.T.〉를 만들었을 때 누구에게서 배워서 한 것일까? 그건 누구도 가르칠 수가 없는 것이지. 고흐의 그림도, 모차르트의 음악도, 민주주의도 인간만의 발명품이라고 할 수 있어. 그러니까 인공지능시대에 우리가 더욱 집중해야 할 것은 어떻게 하면 인간만이 가질 수 있는 창의성을 더욱 높일 수 있을까 하는 것이야.

어제 아저씨가 스크린 X에 대해 설명해준 거 기억하지? 스크린 X 기술이 여러 영화 장르에서 보편적으로 쓰이게 되면 공포영화를 만들 때 유령이 관객들의 뒤에서부터 등장하게 만들 수도 있고, 액션영화의 자동차 추격 신에서 자동차가 아주 빠른 속도로 극장 옆면을 타고 정면으로 뛰어드는 장면을 만들 수도 있을 거야. 거대한 고래가 극장의 3면에 걸친 푸른 바다 속을 이쪽저쪽으로 헤엄쳐 다니는 모습을 볼 수도 있겠지.

그런데 이런 아이디어를 실현시키기에 극장의 구조라든가 설치비용이라든가 하는 현실적인 문제들이 거의 해결이 불가능한 것처럼 보였을 때 인공지능에게 풀어달라고 부탁했더라면 해결책을 찾아줄 수 있었을까? 이전에 그 누구도 해본 적이 없는 일에 도전하다가 문제가 생겼다면 그것은 곧 인공지능이 배워서 해결할 수 있는 학습 데이터도 없다는 얘기가 돼. 결국 해결 방법은 창의성뿐이고, 이런 일을 할 수 있는 것도 오로지 사람뿐인 것이지.

산업화 시대의 목표는 인간의 가장 기본적인 생존에 대한 욕구, 즉 의식주에 대한 고민을 해결하는 것이었어. 이게 충족되고 나면 그다음에는 보다 안정감 있는 환경 속에서 주위 사람들과 좋은 관계를 맺으면서 살고 싶어지지. 이것이 바로 지금 우리가 살고 있는 인터넷 시대의 목표야. 그리고 이게 충족되고 나면 사람들은 이번에는 마음껏 창의성을 발휘하고 싶어진단다. 이것이 앞으로 다가올 인공지능시대의 목표지.

뭔가를 열심히 배워서 그 지식을 가지고 살겠다고 하는 건 열심히 운동해서 체력을 키운 다음에 기계와 경쟁을 하겠다는 것과 마찬가지야. 인간의 신체적 능력이 기계를 능가하는 것이 불가능한 것처럼 지식에 대해서도 인간이 인공지능을 뛰어넘을 수 없기 때문이지. 공부만 잘하는 우등생이 할 수 있는 일은 결국 인간보다 월등하게 똑똑한 인공지능으로 대체되게 되어 있어. 인공지능시대의 우등생은 바로 창의성으로 결정되는 거란다.

강 교수는 말없이 자신의 이야기에 집중하고 있는 아이들의 얼굴을 하나씩 찬찬히 돌아보았다. 할리우드의 아성에 도전할 주인공이 이 중에 있을지도 모를 일이었다.

"그러니까 아무리 똑똑한 인공지능이라도 제가 며칠 동안 끙끙 앓으면서 고민했던 이번 영화 시나리오 같은 건 쓸 수 없다는 말씀이시죠?"

소현이 의기양양하게 물었다.

강 교수가 빙그레 웃으며 대답했다.

"흉내는 낼 수 있을지 몰라도 그렇게 멋진 아이디어를 생각해내기가 쉽지는 않을 거야!"

"아무리 솜씨 좋은 인공지능이라도 로봇 교사 알파 X의 캐릭터를 이해하고 어떤 모습으로 그려내면 좋을지 결정하는 일은 할 수 없다는 거잖아요?"

재우가 느긋해진 목소리로 물었다.

"물론이지. 아무리 레오나르도 다빈치의 그림을 진품처럼 정교하게 베껴낼 수 있는 인공지능이라도 그런 일을 잘해낼 수가 없지."

아이들의 눈이 반짝거렸다.

"그런데요 교수님, 결국 어떤 재능을 가지고 있든 앞으로의 꿈이 무엇이든, 미래에 살아남기 위해서는 누구나 창의성을 키워야 한다는 말씀이신 거잖아요? 그런데 다른 애들처럼 번뜩이는 아이디어가 샘솟는 것도 아니고, 컴퓨터랑 친한 것도 아니고, 예술적 재능이 특출하지도 않은 저 같은 애들은 어떻게 해요? 창의성이 무슨 학원을 다닌다고 느는 것도 아니잖아요. 창의성이 부족하면 뭘 해야 하는 거예요?"

영훈이 물었다.

"창의성은 특별한 사람들만 가질 수 있는 특별한 재능이 아니란다. 영훈이 너는 장르를 가리지 않고 영화를 좋아해서 신성사의 그누구보다도 영화를 많이 봤다고 했지? 그렇다면 네게는 다른 사람들보다 영화를 더 잘 이해하고 즐길 수 있는 상상력이 풍부하게 있는 거야. 인터넷에 돌아다니는 초등학생 아이들의 엉뚱한 시험 답안지를 본 적이 있니?

'부모님 중 남자어른을 가리키는 말은 무엇일까요?'라는 질문에 '여보'라고 쓴 아이, 사슴이 거울을 들여다보는 그림 밑에 '사슴이 ____ 봅니다'라는 빈 칸에 '사슴이 미쳤나 봅니다'라고 쓴 아이, '큰비로 피해를 입은 수재민에게 어떤 말로 위로를 하면 좋을까요?'라는 질문에 '재민아, 힘들겠지만 희망을 가져.'라고 쓴 아이, 사각형이 되다만 모양의 도형 밑에 '이것이 사각형이 아닌 이유를 쓰시오'라고 하자 '원래는 사각형이었는데 찢어져서'라고 쓴 아이……. 정말기가 막히게 재치 있는 답들이 많더구나. 어찌나 귀엽고 기발한지보면서 미소를 짓지 않을 수가 없었어. 그런데 이 답들을 보다가 한가지 공통점을 발견했지. 전부 빨간 색연필로 틀렸다는 표시가 되어 있었어. 이게 왜 틀린 걸까? '어떻게 생각하느냐'를 묻는 질문인

"인공지능은 배운 것들 중에서 '정답'만을 찾아내지만
사람은 현재의 관점에서 보기에
'틀린 답'을 백 가지도 더 만들어낼 수가 있어.
그리고 그 '틀린 답'들 속에서 의미를 발견해낼 수 있지.

생각해 보면 인간 사회가 지금처럼 발전해온 건
현재까지 알려진 지식들과는 다른,
좀 더 나은 정답이 있을 거라는
인간의 호기심과 탐구 능력 덕분이었을 거야.
그렇게 찾은 답이 새로운 정답이 되고,
그것과 다른 '틀린 답'들 중에서 또 다시 새로운 정답이 만들어지고……."

데 어째서 정답이 꼭 하나뿐이어야만 하는 걸까?

정해진 답들 중에서 정답을 찾아내는 건 인공지능이 훨씬 잘하지. 우리가 기억할 수 있는 것보다 훨씬 많은 지식들을 저장할 수 있으니까. 인공지능은 우리처럼 먹고, 쉬고, 자는 시간도 필요 없으니까 배우고 분석하는 속도가 엄청나게 빠를 수밖에 없어. 그렇게 모은 온갖 정보와 통계 수치의 데이터를 근거로 우리 대신 가장 최선의 결과를 가져올 결정을 내려줄 수 있지. 이런 점에서는 사람이 인공지능을 이길 가능성은 거의 없다고 봐야만 해.

그런데 새로운 답을 찾아내는 능력에서는 사람이 인공지능을 이길 수 있단다. 인공지능은 배운 것들 중에서 '정답'만을 찾아내지만 사람은 현재의 관점에서 보기에 '틀린 답'을 100가지도 더 만들어낼 수가 있어. 그리고 그 '틀린 답' 속에서 의미를 발견해낼 수 있지. 생각해 보면 인간 사회가 지금처럼 발전해온 건 현재까지 알려진 지식과는 다른, 좀 더 나은 정답이 있을 거라는 인간의 호기심과 탐구 능력 덕분이었을 거야. 그렇게 찾은 답이 새로운 정답이 되고, 그것과 다른 '틀린 답' 중에서 또 다시 새로운 정답이 만들어지고…….

그러니 어떤 이야기를 영화로 만들면 좋을까를 고민하고, 어떤 개성이 넘치는 캐릭터들을 만들어낼까를 고민하고, 어떻게 하면 사람들이 지금까지 보지 못했던 멋진 장면들을 만들어낼까를 고민하는 건 바로 너희들이 할 일이라는 거지. 그리고 그걸 실현시키는 건 컴퓨터 기술의 발달이 너희들을 최대한 도와줄 수 있는 방향으로 발전해갈 거야."

그날 강 교수가 돌아가고 난 뒤 신성사 교실에서는 시끄럽게 떠드는 아이들의 목소리가 늦게까지 새어나왔다. 컴퓨터 앞에 앉은 제훈을 둘러싸고 아이들은 주인공인 수와 철의 캐릭터를 놓고 갑론을박을 하다가 제훈이 만들고 있는 알파 X 캐릭터의 움직임 하나에 감탄사를 연발했다. 그러다 이번에는 어느 반 아이들에게 엑스트라 출연을 부탁할지를 놓고 의논을 하고 교장 선생님 역으로 어느 선생님을 캐스팅해야 할지를 놓고 열심히 머리를 굴렸다.

제훈은 말없이 스크린에 띄워놓은 알파 X의 모델링에 마우스로 열심히 점을 찍으며 리깅을 하다가 주위에 모여 설전을 벌이고 있는 아이들을 쳐다보며 슬며시 미소를 지었다. 어제만 해도 풀이 팍 죽은 얼굴로 뒤도 안 돌아보고 집으로 돌아갔던 녀석들이 언제 그랬냐는 듯 영화 이야기에 열을 올리고 있는 모습이 우습기도 하면서 한편으로는 왠지 모르게 뿌듯했다.

제훈은 다시 컴퓨터 스크린으로 눈을 돌렸다. 재우와 힘을 합치면 알파 X를 완성할 수 있을 것이란 자신감이 들었다. 극장에서 보는 영화처럼 완성도 높은 그래픽은 아니겠지만 그래도 제 시간 내에 모두 끝내려면 새벽까지 컴퓨터 앞에만 붙어 있다고 성화를 부리는 아빠의 잔소리를 한동안 감수해야 할 것이다. 제훈은 작업 파일을 불러오기 위해 바탕화면에 만들어놓은 폴더를 마우스로 클릭했다. 화살표 밑으로 '제재 브라더스'라는 폴더명이 반짝거렸다.

좋아하는 일을 하는 거야
-예술을 하는데 수학이 필요하다고?

ⓒ 노준용, 2018

초판 1쇄 발행일 | 2018년 3월 15일
초판 8쇄 발행일 | 2020년 7월 3일

지은이 | 노준용
엮은이 | 김미나
그린이 | 권민정
펴낸이 | 사태희
디자인 | 박소희
마케팅 | 박선정
제작인 | 이승욱 이대성

펴낸곳 | (주)특별한서재
출판등록 | 제2018-000085호
주 소 | 04037 서울시 마포구 양화로 59, 화승리버스텔 703호
전 화 | 02-3273-7878
팩 스 | 0505-832-0042
e-mail | specialbooks@naver.com
ISBN | 979-11-88912-12-4 (44080)
         979-11-88912-13-1 (세트)

이 도서의 국립중앙도서관 출판예정도서목록(CIP)은 서지정보유통지원시스템
홈페이지(http://seoji.nl.go.kr)와 국가자료종합목록시스템(http://www.nl.go.kr/kolisnet)에서
이용하실 수 있습니다. (CIP제어번호 : CIP2018006942)